I0505337

Jornada de Superação

De Vendedor de Sorvetes a Executivo

Felipe José Dias

1.6

Direitos autorais do texto original

"Meu passado me inspira a jamais duvidar dos sonhos de um menino."

Para minha mãe...

Beijo de Jesus

Eu era criança, mas já percebia,
O pouco pão que havia em nossa mesa
E a aparência acanhada da pobreza
Que tinha a nossa casa tão vazia.

De noite, antes do sono, uma certeza:
A minha mãe rezava a Ave-Maria!
E ao terminar a prece eu sempre via
No seu olhar uma esperança acesa.

Após a reza desligava a luz,
Beijava o crucifixo, e a fé era tanta,
Que eu adormecia perto de Jesus.

Depois que ela dormia (isso que encanta)
Nosso Senhor descia ali da cruz
Para beijar a sua face santa...

José Antônio Jacob

Jornada de Superação

Sumário

Jornada de Superação

Prefácio

A ideia de escrever este livro jazia na gaveta há alguns anos. Não era uma prioridade, apenas um "talvez, quem sabe" perdido entre tantas ideias e projetos, aguardando o final de um período sabático que iniciou com minha decisão de afastar-me da carreira executiva, mas que ainda não tivera data para terminar.

Vez por outra, quando contava algum fragmento de minha história a alguém, logo vinha a sugestão: *"- Deverias escrever um livro sobre isso. É uma história muito interessante, que necessita ser compartilhada".*

Ou então, dentro da mesma linha *"- Escreva um livro sobre sua jornada. Nossos jovens necessitam de histórias reais para inspirar-se nessa época tão carente de líderes e exemplos".*

Ao ouvir esses estímulos, naturalmente que eu ficava com o espírito instigado: *"- Preciso desengavetar esse projeto".* Mas logo caía, novamente; no esquecimento.

E assim o tempo foi passando. O sabático foi se encerrando lentamente, não por minha vontade, mas por demanda de amigos e conhecidos que necessitavam de ajuda, uma consultoria aqui, uma mentoria acolá.

Quando me aposentei da vida executiva, não tinha intenção de afastar-me completamente das atividades profissionais.

Jornada de Superação

Tinha a intenção de, após um período de descanso e reflexão, atuar como consultor em estratégia e desenvolvimento pessoal, temas que sempre permearam meus interesses durante minha atuação como executivo.

A intenção era levar uma experiência prática que ajudasse verdadeiramente as pequenas empresas a se desenvolverem e os profissionais a avançarem em suas vidas e carreiras.

Mas eu não tinha um projeto claramente definido de como começar esse trabalho. Não foi necessário, pois, as pessoas acabaram me procurando e, quando me dei conta, já estava atuando novamente.

Então, pela própria necessidade da atividade, acabei estruturando um conjunto de temas que denominei *"Mentoria de Maestria Pessoal"*, sobre os quais desenvolvi textos e palestras; com conteúdos inspiradores e, ao mesmo tempo, práticos, resultantes de casos reais que vivenciei cotidianamente por mais de vinte anos como executivo.

Daí, a necessidade do livro cresceu, pois senti a falta de um material que servisse de base para mostrar a jornada pela qual passei até chegar ali. Do contrário as pessoas poderiam imaginar que meus conteúdos não passavam de um mero exercício de retórica.

Entretanto, como minha intenção era de, nessa etapa da minha vida, inspirar profissionais a *acreditarem e apostarem em seus sonhos*, o livro poderia ser a base da minha autoridade como consultor, palestrante ou mentor.

Ao contrário do que se possa pensar, o livro não tem a pretensão de ser uma biografia. Carece-lhe extensão e profundidade. O foco é contar a minha *Jornada de*

Jornada de Superação

Superação mantendo apenas o principal, a sequência de fatos com as informações essenciais que não prejudiquem o entendimento e a contextualização por parte do leitor.

Vivemos numa era em que todos têm pressa e que a menor dificuldade, nos leva a abandonar nossos projetos e reduzir nossas expectativas. Meu relato procura mostrar que, estabelecer objetivos modestos, mas graduais e persistentes, podem nos conduzir a resultados excepcionais ao longo do tempo.

Ao escrever esse livro, acabei mergulhando em um universo de sentimentos e emoções que eu jamais imaginei sentir. Uma experiência profunda de volta às origens. E me senti fortalecido.

Se, ao ler essas páginas, o leitor sentir um pouco que seja dessa emoção e sentir-se mais inspirado e encorajado a buscar a sua *Jornada de Superação*, terei cumprido essa missão.

O Autor

Jornada de Superação

Éramos Oito

"Quem disse que eu me mudei?
Não importa que a tenham demolido,
a gente continua morando na velha casa em que nasceu."

Mário Quintana

No Princípio tudo era sombra

Lembro-me de vozes, apenas vozes, sem significado, sem imagens, mas vozes conhecidas.

Depois vieram sensações e imagens... um banho numa pequena bacia... frio ao sair da água... desproteção... o conforto da toalha.

Era minha mãe? Uma de minhas duas irmãs maiores? Não consigo identificar. Mais vozes... muitas vozes, discussão.

Outra cena... novamente o banho... agora identifico... meu pai... palavras e movimentos rudes, pressa. A sujeira devia ser grande. Minha mãe assume, enxágue, água morna, toalha... conforto!

Jornada de Superação

São essas minhas primeiras impressões da vida. Ao menos aquelas que meu consciente lembra. Nunca fui muito bom de memória.

A próxima lembrança já é mais rica em percepção: Entro no quarto de minha mãe. Ao lado esquerdo da entrada ficava meu berço. Eu tinha, então, três anos. Minha mãe sentada na cama. Chama-me para perto, aponta para o berço e fala: "*- Você ganhou uma irmãzinha. Terá que dar sua cama para ela!*" Eu respondo: "*- Dar eu não dou, só empresto!*".

Naquele dia a família atingiu seu tamanho máximo. Três moças e três rapazes, mais meu pai e minha mãe. Um total de oito membros.

A casa

A casa estava longe de ter sido planejada para uma família daquele porte. Meu pai a havia construído de forma muito rudimentar. Um quadrado de tábuas rústicas, não aplainadas, com forro de madeira e telhas de barro. Quatro cômodos e um pequeno anexo onde ficava a cozinha.

O conforto ali era pouco, apesar de minha mãe ter providenciado inúmeras melhorias na casa: ampliou a cozinha e construiu um anexo especial para ela, o chamado "quarto de costuras". Sim, minha mãe era costureira, especializada em calças masculinas.

Ela também construiu um banheiro com piso de alvenaria e fez duas varandas, uma na frente da casa e outra nos fundos, locais onde ela cultivava flores, sua grande paixão.

Jornada de Superação

Na parte de trás existia um galpão que abrigava o forno, o tanque de lavar roupas, o poço, o depósito de lenha e uma despensa.

Mais aos fundos, próximo à cerca dos vizinhos, ficavam o galinheiro e a "casinha" (uma espécie de banheiro rústico); sim, naquela época a coisa era na base da casinha!

A casa era tremendamente fria durante os gelados invernos daqueles tempos. Nas décadas de 60 e 70 o frio no planalto gaúcho começava em meados de março e prologava-se até final de setembro, com picos extremos em julho e agosto.

O que salvava um pouco a situação era o fogão a lenha, que trabalhava com intensidade naqueles períodos. Porém, o trabalho para abastecê-lo com lenha era duro.

No verão a situação mudava, no entanto o desconforto continuava grande. Agora o vilão era outro: O calor escaldante. E à noite havia os mosquitos. Para adormecer era uma luta!

Onde Acomodar tanta gente?

Outro problema era acomodar todos para dormir nos pequenos cômodos da casa. Em 1963, quando nasceu minha irmã mais nova (a última dos seis irmãos) a distribuição era assim: Minha mãe havia dividido seu quarto em dois, pois nessa época ela já não dormia com meu pai.

Ele estava com uma doença infecciosa e ela tinha medo da contaminação. Minha mãe (Dona Iracema) ficava no quarto dela, com minha irmã (Beatriz) no berço. Meu pai (João

Jornada de Superação

Athílio) ficava em outro quarto. Minhas duas irmãs maiores ficavam no outro quarto. Meus dois irmãos maiores dormiam num sofá-cama que ficava na sala de visitas e num pequeno sofá que ficava no "quarto de costuras". Eu dormia numa cama desmontável que era armada diariamente, também no quarto de costuras.

Todo dia era uma função daquelas para acomodar essa turma toda!

Quando minha irmã mais velha (Ivone) casou, em 1968, eu, por ser o menor, fui promovido para o quarto da minha segunda irmã mais velha (Maria), que já era adolescente. Foi um tremendo salto de qualidade, pois significava uma cama de verdade só para mim!

Uns dois anos após, meu irmão mais velho (João) foi trabalhar numa empresa de um primo e morar com meus tios em Porto Alegre. Em seguida minha segunda irmã mais velha se casou e logo meu segundo irmão mais velho (Roberto) também. Assim, num período de quatro anos ocorreu um "esvaziamento" da casa.

No Início de 1974 meu pai, após vários anos de luta contra uma doença terrível, veio a falecer, e acabamos ficando eu, minha irmã mais nova (Beatriz) e minha mãe.

Nessa época eu já havia iniciado minha *Jornada de Superação*.

Três fatores que influenciaram a jornada

"Esqueçamos as certezas. A dúvida é que faz a magia da vida!"

Felipe José Dias

Poderia alguém, após 40 anos de carreira, enumerar todos os fatores que lhe influenciaram? Impossível, porque são milhares. E, certamente, muitos deles são inconscientes, ou são despercebidos. Mas certamente, alguns deles foram bem mais determinantes e importantes que outros.

Meu objetivo aqui não é deter-me em narrativas extensas e divagar sobre detalhes que acabariam distraindo o foco dessa obra, além de abusar da paciência do leitor.

Todavia, acho extremamente importante, relacionar três fatores chave que permearam, de forma inconsciente, meu universo mental, ao longo da jornada. Esses três fatores, relato a seguir.

1 - Uma inesperada viagem a Porto Alegre

Em 1967, fazer uma viagem de Ijuí a Porto Alegre não era fato comum. A distância de, aproximadamente 400 km, certamente, nos dias de hoje, equivalem a 1.000 km. Sem contar os transtornos e custos que, para nossa realidade, eram proibitivos.

Estradas de terra, roteiros com paradas infinitas e veículos precários compunham o cenário que esperava os viajantes.

Então, foi com surpresa quando recebi a notícia da minha mãe que, em alguns dias, embarcaríamos para Porto Alegre, em visita a tios e primos que para lá se transferiram 2 anos antes. Então, em 07/11/1967, dois dias antes de eu completar 7 anos, e sem muitas explicações, embarcamos para a capital.

No imaginário da garotada da minha rua, Porto Alegre era uma cidade maravilhosa, povoada por lojas de brinquedos e doces, onde havia ruas inteiras só para as pessoas caminharem; mágicos, engolidores de fogo, malabaristas, sopradores de bolhas de sabão multicoloridas e saltimbancos apresentavam-se nas ruas, sem a necessidade de pagar ingresso. E tinha, ainda, os bondes, espécie de trens que andavam sobre trilhos no centro da cidade.

E foi exatamente isso tudo que eu encontrei chegando lá! O apartamento de meus tios ficava numa transversal da Rua dos Andradas (rua da praia), e era nessa rua que tudo isso acontecia. Havia, ainda, uma linda vista para o lago do Guaíba, e localizava-se próximo ao porto.

Jornada de Superação

Pensei que ficaríamos pouco tempo, para passeio, mas alguns dias depois, minha mãe me disse que ela iria voltar e eu ficaria mais algum tempo.

Recordo que meu sentimento ao receber essa notícia foi um misto de medo e de excitação, com a possibilidade de explorar mais tudo aquilo, sem o controle policialesco de minha mãe.

Além disso, meus tios (tia Leontina e tio Lilí) e as duas primas (Elmira e Maria) eram muito legais comigo. Fui tratado por todos com muito carinho, especialmente por meu tio, que, ainda por cima era meu padrinho.

Havia, ainda, dois primos (Adalgiro e Flory); um deles morava no Rio de Janeiro e o outro em Porto Alegre, mas em outro lugar.

Permaneci em Porto Alegre por quatro meses. Foi um período extraordinário. Explorei a mágica rua da praia daqueles tempos, com todos os seus atrativos. Visitei (sem autorização) navios que atracavam no porto; andei, por muitas vezes, de bonde com meu tio.

Joguei futebol com outro menino que morava no edifício, no pátio da matriz. E fazia tudo isso a menos de 200 metros do *Hotel Majestic*, que na época era morada de ninguém menos que *Mario Quintana*, que eu simplesmente desconhecia. Certamente devo ter cruzado com o grande poeta várias vezes na rua da praia.

Quando minha mãe foi buscar-me, no final de fevereiro, encontrou um menino transformado. Nos próximos dias, após retornar para casa, com sete anos recém-completos, entraria para a escola.

Jornada de Superação

Aparentemente, era o mesmo menino que havia partido quatro meses antes. Mas só aparentemente. Sua mente jamais seria a mesma. E essa experiência permearia sua visão de mundo dali em diante, refletindo em seus sonhos, objetivos e decisões.

2 - Vício por leitura

Logo após a alfabetização, fui tomado por um apetite muito grande pela leitura. Devorei os livros da pequena biblioteca de minha escola primária. Depois, na quinta e sexta series fiz o mesmo com os livros de uma de uma escola bem maior.

Em casa não havia leitores, exceto minha irmã que, adolescente e já trabalhando, comprava revistas de fotonovela. Eu lia todas. Lia o velho dicionário que repousava pacientemente na prateleira, aguardando uma eventual consulta, lia a bíblia, lia as bulas dos remédios de minha mãe, os quais pululavam no armário.

Se porventura, aparecesse na minha mão algum dinheiro, eu comprava revistas. Revistas da Disney, Turma da Mônica, super heróis, Far-West, livros de bolso, Seleções do Reader's Digest. Eu lia de tudo.

E, depois de lidas, eu as trocava. Trocava com os meninos do bairro, uma nova por duas ou três revistas mais velhas para aumentar a coleção; depois de lidas, as trocava novamente.

Tinha as de romance, de aventura, de humor, terror. O que aparecesse despertava minha curiosidade e lia.

Assim foi durante toda minha infância e parte da adolescência.

Quando comecei a trabalhar, sempre separei algum dinheiro para comprar as revistas. Além de ler os livros na biblioteca da escola, também os levava para casa, para ler.

Minha mãe tinha muitas reservas quanto a esse meu hábito. Para ela, isso mais atrapalhava do que ajudava, pois essas leituras me desviavam das tarefas e dos estudos. Mas meu argumento era meu boletim escolar, sempre recheado de excelentes notas.

Olhando hoje para o passado, consigo perceber que a leitura foi uma espécie de tábua da salvação para mim.

No mundo exterior eu era rejeitado, minhas opiniões e ideias não tinham valor, carecia de atenção, sofria *bulling*.

Então eu mergulhava na leitura, criando meu próprio mundo, minha realidade. E sonhava com um futuro grandioso.

Mas o efeito mais poderoso dessa obsessão por leitura é que, em todas as faixas etárias que passei, eu sempre tive um vocabulário acima da média, para falar e para escrever, embora a timidez fosse grande.

Certamente esse diferencial contribuiu para que se abrissem as primeiras portas quando comecei a trabalhar. Para falar a verdade, me ajuda até hoje!

3 - Aprendendo linguagem binária de computador

Jornada de Superação

No ano de 1973 eu, então com 12 anos, cursava a sexta série do ensino fundamental.

Nesse ano aconteceu algo simplesmente inusitado. Nossa professora de matemática resolveu ensinar-nos a linguagem binária dos computadores.

Naquela época, os computadores eram imensos e raros. Soube, por ela, que havia um grande computador sendo instalado na cidade.

Ela disse que, sabendo essa linguagem, teríamos uma porta aberta para, quem sabe, virmos a trabalhar com esse computador no futuro. Também nos orientou que essa linguagem simples nos permitiria apenas entender como o computador funcionava na sua parte mais básica, mas não iria nos tornar programadores.

Para isso seria necessário muita dedicação e estudo em faculdades apropriadas.

Aprendi a técnica com grande facilidade e adorava fazer as operações de somar e subtrair, sem saber a importância que isso teria num momento chave da minha vida alguns anos mais tarde.

Jornada de Superação

Luta pela sobrevivência

"Não sabendo que era impossível, foi lá e fez."

Jean Cocteau

Como se faz para sustentar uma casa com oito pessoas, sendo que o pai é doente e recebe um auxilio social de meio salario mínimo; e a mãe precisa cuidar de seis filhos mais o marido doente, comprar remédios (ela era hipertensa e tinha cálculo renal), limpar e cuidar da casa, lavar roupa e fazer comida, inclusive pão, que não era comprado, mas feito em fornadas para todos?

Várias vezes fiz essa pergunta para minha mãe e sabe qual era a resposta?

- Não sei. Só sei que fiz!

A casa estava sempre limpa e cuidada, com os jardins floridos e os filhos limpos, asseados e alimentados; todos na escola. Também, nunca atrasou uma conta de luz ou de água (que veio encanada bem mais tarde) ou imposto. De quebra, ela ainda fazia reformas eventuais, pinturas e melhorias que mantiveram a casa sempre bonita ao longo dos anos.

Ela nunca pediu nada para ninguém e nos recomendava não pedir. Sempre nos dizia que não éramos pobres, e sim classe média, pois tínhamos casa para morar. Pobre era quem não tinha casa.

Como ela conseguiu fazer tudo isso?

A seguir procuro relatar um pouco mais as minhas percepções sobre essa magia.

1 - Costureira

Como costureira, ela tinha por regra fazer uma calça por dia. Ela tinha alguns clientes, para os quais ela cortava e confeccionava a calça. Mas esses clientes eram poucos. Então ela trabalhava como facção para uma alfaiataria que fazia ternos. Nesse caso ela recebia o material já cortado e apenas costurava a peça. Esse era o maior volume, porém as alfaiatarias pagavam pouco. Mas era o que tinha. Esse dinheiro era somado ao que meu pai recebia do INPS (hoje INSS). E tinha que ser suficiente para as despesas.

A jornada se prolongava à noite até que a calça ficasse pronta. Não poucas vezes vi minha mãe indo dormir depois da meia noite para poder terminar a calça. No dia seguinte, a jornada começava cedo, fazendo café e ajeitando todos para irem à escola.

Também como costureira, ela fazia todas as nossas roupas. Ninguém usava roupa comprada. Os mais novos usavam as roupas dos mais velhos quando esses cresciam.

Ela estava sempre consertando, ajustando e recuperando as peças que nós usávamos. Para os mais velhos ela comprava retalhos nas lojas e fazia as peças.

No meu caso, sendo o mais novo dos meninos, nunca ganhei peça nova. Sempre sobravam para mim as roupas dos meus irmãos mais velhos que não mais lhes serviam.

2 - Cozinheira

Nada se comprava pronto. Não havia dinheiro para isso.

O almoço, geralmente, contava com legumes e hortaliças produzidas em nossa horta.

À noite, invariavelmente, era servida a polenta, herança de origem italiana de minha mãe. Com o tempo ela ensinou meu irmão mais velho a fazer. Era servida com leite, fornecido diariamente por um produtor da cidade.

A carne era o item mais caro de nossa alimentação e, por isso, muito controlada. Havia um galinheiro no fundo do quintal, que provia ovos e carne de frango com relativa regularidade. A Carne de gado ou porco era sempre comprada no dia que seria consumida, mas em quantidade racionada. Um pedaço para cada um.

As frutas do pomar eram liberadas. Podíamos comer qualquer quantidade e a hora que quiséssemos. A instrução era apenas que evitássemos comer as frutas uma hora antes do almoço, para não prejudicar a principal refeição do dia.

3 - Padeira e Doceira

O pão era feito em fornadas. Era a base da nossa alimentação. Minha irmã conseguia a farinha de trigo (que era comprada em sacos grandes) com uma qualidade impressionante. Era importada da Argentina. Outras comidas eram servidas apenas no almoço.

O schmier (uma espécie de mousse para o pão) era feito num grande tacho de cobre, com peras que cresciam no pomar. Aproveitava-se a safra de peras e faziam-se lotes que eram armazenados em grandes vidros. Durava o ano todo.

Nessa tarefa nós ajudávamos. Descascávamos e cortávamos as peras em pedaços que eram postos no taxo com água e açúcar cristal. Revezávamo-nos mexendo o taxo com uma grande pá de madeira no fogo à lenha, durante um dia inteiro.

À medida que a fruta ia derretendo, o caldo começava a engrossar, já na parte final do processo. Então, acontecia algo interessante. A fervura disparava mísseis ferventes que atingiam quem passasse por perto. Era muito dolorido e ficavam manchas vermelhas na pele por vários dias. Para evitar esse efeito, era necessário mexer o tempo todo.

Daí nos revezávamos em turnos e utilizávamos a grande pá de madeira para podermos ficar o mais longe possível dos petardos ferventes.

Minha mãe também fazia geleias de uva, maçã, laranja e pêssego, conforme a safra do ano permitia. Uma mais deliciosa que a outra.

Jornada de Superação

As compotas de frutas e conservas de pepino, beterraba, couve-flor e cenoura também tinham lugar garantido pelos armários da cozinha. Só não havia mais por falta de vidros!

Às vezes, ela aproveitava o forno aquecido para o pão e fazia deliciosas cucas de fruta, que eram servidas com parcimônia, uma fatia para cada um.

Doces e biscoitos também eram feitos esporadicamente, principalmente na proximidade das datas comemorativas (natal e páscoa). Um mais saboroso que outro.

Ela fazia um impressionante mel de limão que podia facilmente ser confundido com mel de abelhas, de tão perfeito e delicioso que ficava.

Havia, ainda, o bolo de milho e o inconfundível pudim de leite, feitos muito esporadicamente e, por isso, aguardados com ansiedade por todos.

Quase me esqueço do doce de abóbora com calda, que ficava durinho por fora e macio por dentro. Para obter essa textura, ela deixava de molho em cal por um tempo e só depois cozinhava. Uma verdadeira iguaria.

Meu pai fazia poucas coisas na cozinha. Dentre as que ficaram na minha memória, estão: rapadura, marmelada, pé-de-moleque e doce de amendoim. Mas, quando sua doença se agravou ele abandonou essas atividades.

4 - Cabeleireira

Não íamos ao barbeiro para cortar o cabelo. Minha mãe tinha uma tesoura especial de barbeiro e uma máquina manual. Normalmente o corte era feito aos sábados à tarde.

Ela cortava o cabelo dos três meninos no mesmo dia. Tínhamos que fazer uma fila por ordem de idade. O mais velho ia primeiro. Era uma choradeira, pois a máquina não funcionava muito bem e, eventualmente, puxava fios. Era dor na certa.

O corte era padrão militar, bem rente, para durar bastante! Nós não gostávamos, mas não havia escolha! Na ocasião, ela fazia a tradicional inspeção para identificar possíveis focos de piolho, praga temida que, por vezes, atacava a garotada da vizinhança.

5 - Lavadeira

A roupa era lavada duas vezes por semana, às quartas e sábados. Nesses dias a rotina iniciava mais cedo e cabia aos meninos ajudar a encher o enorme tanque com água do poço. Era uma tarefa dura.

Havia uma máquina de lavar antiga que era usada apenas para as roupas melhores. A maior parte era limpa na tábua do tanque. Durante o inverno a situação piorava um pouco mais, pois o frio era de lascar!

6 - Agricultora

Durante alguns anos, a plantação foi comandada pelo meu pai. Depois, a doença foi lhe tirando a força e disposição, e essa tarefa passou a ser de minha mãe, auxiliada pelos rapazes.

Ela planejava as datas do plantio, ensinava a fazer o manejo, limpeza do terreno, proteção contra eventuais pragas e a colheita e estocagem. Não poucas vezes, sobrando um tempinho, ela ainda pegava na enxada!

O terreno não era muito grande (aproximadamente 1.000 mt2). Mas era bem aproveitado. Nele se plantava de tudo.

Hortaliças: repolho, couve, cenoura, ervilha, beterraba, alface, feijão, vagem batata, mandioca, pepino, milho, tomate, abóbora e amendoim.

Frutas: uva, laranja, tangerina, maçã, ameixa, pêssego, moranguinho, marmelo, pera, limão, mamão e abacate.

Havia, ainda, os temperos e chás.

7 - Enfermeira

Dava diagnósticos com muita precisão. Soluções caseiras ou remédios eram por ela manuseados e aplicados com maestria.

Visitas de médico ou farmacêutico eram raríssimas.

Aplicava injeções no músculo ou na veia, conforme a necessidade. No caso das injeções, ela se auto aplicava com a maior naturalidade.

Ministrava tônicos fortificantes, curava cortes, feridas, dor de dente e de ouvido, evitava infecções, eliminava bernes e bichos de pé, tratou sarampos, caxumbas e rubéolas, eliminava unheiros e calos duros, administrava vermífugos, fazia curativos miraculosos, tratou meu irmão de uma cirurgia de apendicite e outra de amigdalas, controlava vacinas, fazia lavagem intestinal e vários outros tratamentos que já foram apagados pelo tempo.

Durante vários anos cuidou do meu pai, que não se curou por descuido próprio. E, por ser uma doença contagiosa, mantinha religiosos cuidados higiênicos por medo de que a doença contaminasse as crianças. Talheres, louças e roupas de cama eram separados e higienizados de forma diferenciada.

8 - Jardineira e Florista

As flores eram sua paixão. Nossa casa era cercada por verdes e floridos jardins. Cada espécie de planta recebia os cuidados adequados inerentes e, por isso, ela era admirada em toda a vizinhança.

9 - Mestre Cervejeira

Sim. Até cerveja ela fazia. Uma cerveja preta, altamente fermentada que tinha um sabor inigualável. Ficava num limite entre o doce e o amargo. E todos podiam tomar um copo por dia, inclusive as crianças!

Nossa diversão era fechar as garrafas com uma máquina manual que ela nos ensinou, com muita paciência, a usar.

10 - Educadora

Ela estudou apenas até o terceiro ano do nível básico, de forma precária; isso por ter passado a infância e adolescência na colônia. Apesar dessa rudimentar formação, ela tinha uma consciência extraordinária do quanto a escola era importante para nós. Assim, cuidou para que todos iniciassem a formação escolar na idade apropriada e não mediu esforços para manter todos na escola, cobrando religiosamente a execução das tarefas diárias.

Além disso, havia a necessidade da educação propriamente dita. Meu pai era extremamente ausente, também nesse quesito. Haja vista a alta demanda pelas atividades operacionais, pouco tempo sobrava para o uso de alguma psicologia. O método adotado era "tolerância zero". As regras eram claras e o desvio era sempre passível de punição, conforme descrito mais adiante.

11 - Gerente

No meu entendimento, uma das maiores habilidades de minha mãe (ela tinha muitas), era o gerenciamento das tarefas. Todos deviam contribuir com as atividades do dia, de acordo com sua idade, sexo e capacidade. A ordem de prioridade era seguida à risca: 1-Estudos e tarefas escolares, 2-Atividades úteis, 3-Brincar. Essa última só era liberada se sobrasse tempo!

Jornada de Superação

A lista de atividades era grande e, não raras vezes, absorvia o dia todo, visto que meio período era só para a escola.

Segue a relação das principais:

Lavar e secar a louça, varrer a casa, passar pano úmido no assoalho da casa, varrer o pátio, regar as flores e plantas, manter o reservatório de água da cozinha cheio, encher os tanques para lavar a roupa, cortar a grama, cortar lenha, levar e buscar serviço na alfaiataria, ajudar na preparação do almoço, por a mesa para as refeições, rachar lenha, obter lenha nas serrarias, capinar e preparar os canteiros para plantio, regar as mudas das hortaliças, eliminar formigueiros, colher frutas e legumes, comprar carne e outros produtos, manter o depósito de lenha do fogão abastecido, limpar os resíduos de cinza do fogão e do forno, lavar as calçadas externas, limpar os calçados (terra vermelha), ferver o leite, limpar a chapa do fogão, fazer café, passar cera e lustrar o assoalho, tratar as galinhas, esquentar água para o banho, dar banho nos irmãos pequenos e alinhavar manualmente as bordas das calças a serem confeccionadas.

A grande maioria dessas atividades era diária, sendo distribuída e controlada com mão de ferro, pois sempre havia alguém querendo escapar de fazer sua parte.

À medida que o tempo passava, algumas atividades migravam de um para outro, sempre por ordem ou consentimento da gerente. Quem passasse a trabalhar fora ficava isento dessas atividades, mas devia aportar alguma contribuição financeira para as despesas. Nesse caso, as atividades eram repassadas aos demais.

Jornada de Superação

Mas, certamente, a motivação maior para que todos fizessem a sua parte, pairava ameaçadoramente apoiada sobre um cabide de parede, localizado ao lado da máquina de costura e ao rápido alcance de minha mãe.

Tratava-se de uma enorme vara de marmeleiro. Ela tinha o incrível poder de restaurar qualquer autoridade eventualmente ameaçada por qualquer pirralho. Na verdade, houve épocas em que raramente ela passava mais de dois dias sem ser utilizada e quase sempre tinha que ser substituída, visto que acabava se quebrando no exercício da sua educativa função!

O interessante é que minha mãe desenvolveu um critério único para aplicar as surras. No caso dos meninos, qualquer um que aprontasse algo, acabava acarretando que os três apanhassem. Isso ocorria porque ela raramente tinha tempo para investigar com profundidade o fato e punir apenas o real culpado.

E todos estavam sempre tentando jogar a culpa nos outros. Dessa maneira, se um aprontasse, ela ordenava que formassem uma fila, sempre do maior para o menor.

Naturalmente que a choradeira já começava na formação da fila. Mas não tinha jeito, todos apanhavam! Um dia uma vizinha presenciou essa cena e ficou impressionada. Não acreditou que formávamos fila para apanhar!

No meu caso, sendo o menor, era sempre o último a apanhar. Quando chegava a minha vez, ela já estava cansada. Assim, acabava sobrando pouco para mim, até porque na maioria das vezes a vara já estava quebrada. Mesmo assim eu desenvolvi a tática de chorar muito, dessa forma acabava apanhando menos ainda!

No dia seguinte, uma vara novinha já pairava ameaçadora no lugar de sempre!

12 – Ensinando a prática da oração

Católica fervorosa, ela dizia que os desentendimentos com meu pai iniciaram logo após o casamento, por ele ter deixado de cumprir uma promessa. Ele era espírita e ela o fez prometer que se converteria ao catolicismo após o casamento. A promessa jamais foi cumprida.

Ia à missa uma vez por semana, normalmente aos domingos e nos levava junto.

Ensinou-nos o catecismo e nos fazia rezar todos os dias, ajoelhados, enquanto ela trabalhava na máquina de costuras. Para nós, crianças, aquilo era uma espécie de castigo, mas cumpríamos rigorosamente, sabendo que era importante para ela.

13 - Agravante: Corpo franzino e saúde frágil

Durante toda sua vida adulta, minha mãe teve uma saúde muito frágil. Ela apresentava um quadro de hipertensão crônica, que a levou a tomar remédio praticamente durante a vida toda. Também sofria com crises agudas de cálculo renal.

Lembro-me de nossa angústia quando meninos, ao vê-la sofrendo essas crises de dor. Não raras vezes ela tinha que ser internada. Nesses momentos convivíamos com o constante medo de que ela viesse a falecer.

Ela passou por várias cirurgias ao longo de sua vida. Nessas ocasiões, tínhamos que nos desdobrar mais ainda com as tarefas de casa. Os mais velhos cuidavam dos mais novos e todos se viravam. Nessas ocasiões até meu pai, normalmente alheio a tudo, acabava intercedendo e colaborando com alguma atividade.

14 - O auxílio de minhas irmãs maiores

É necessário registrar que minha irmã mais velha (Ivone) assumiu desde cedo, a responsabilidade pelo compartilhamento dessas tarefas. Foi a primeira a trabalhar fora (com a idade de 14 anos) e sempre contribuiu financeiramente nas despesas da casa.

De certa forma, ela foi uma espécie de segunda mãe dos demais e um exemplo para todos.

A minha irmã do meio (Maria) também exerceu papel importante nessa época, executando as tarefas de cuidar dos irmãos. Lembro-me da frequência que ela me dava banho.

Flor de abóbora

Numa ocasião, após minha mãe passar um período internada, passamos por dificuldades financeiras. Para não fazer dívida, tivemos que passar um período sem carne. Havia os ovos que compensavam, mas as galinhas não davam conta da produção para alimentar aquela tropa toda.

Então ela teve uma ideia genial. Naquele ano a plantação de abóbora foi exuberante; havia abóbora para todo lado. Tinha doce de abóbora na geladeira, abóbora como decoração em cima da mesa e comíamos abóbora todos os dias.

Já estávamos todos meio amarelados de tanta abóbora! Na horta havia abóboras maduras, abóboras ainda verdes, brotos de abóbora e... muita flor de abóbora.

Pois ela inventou uma receita com flor de abóbora que acabou transformando-se num prato regular e solicitado por todos, mesmo quando a carne foi novamente liberada!

Ela preparava as flores maiores, bem amarelas, como se fosse bife à milanesa. Receita simples. Ficavam crocantes e com um delicioso sabor de peixe. E sem o inconveniente dos espinhos!

Eis aí mais uma prova de que os recursos e criatividade dela eram ilimitados.

Vitamina de abacate

Tínhamos um abacateiro no quintal que carregava pra valer; sobrava abacate para dar e vender. Mais para dar, pois havia falta de quem comprasse.

Então, minha mãe, umas duas vezes por semana, sem dia certo, fazia uma vitamina deliciosa que era distribuída lá pelas quatro da tarde a quem estivesse por perto. Ela sabia que eu tinha um gosto especial por essa vitamina, então a servia primeiro para mim. E quando ela terminava de servir os demais, se sobrasse um pouco, eu arrematava pois já havia tomado meu copo!

Um ponto interessante sobre esse tema é que eu acabei trazendo esse hábito de fazer vitamina de abacate comigo por toda a vida. Parece que criei uma conexão direta com minha mãe nesse momento, reavivando as lembranças através do fazer e do saborear.

Enxerto - Despertando minha curiosidade

Num certo dia, percebi meu pai em uma movimentação atípica perto do parreiral (plantação de uvas). Nossas uvas eram muito saborosas.

Ele me falou que estava fazendo um enxerto. Trata-se de cortar o tronco da planta a uma distância de até um palmo próximo da terra, fazer um encaixe e amarrar outro tronco dela ou outra espécie da fruta.

Fiquei impressionado com a "cirurgia" e quis saber o porquê desse processo todo. Ele me explicou que a raiz da planta era muito boa e estava bem adaptada ao nosso tipo de terra, mas o tronco e as folhas eram muito sensíveis ao frio da nossa região. Então ele havia conseguido um tronco mais resistente e estava "implantando" para melhorar o rendimento e a qualidade daquela planta.

Naquele dia percebi o poder que o ser humano tem para transformar o universo ao seu redor.

A comprovação veio no segundo ano após o procedimento. Os cachos daquele tronco vieram grandes e saborosos como nunca!

Uma constatação inevitável

Pelo relato acima, fica muito claro que a habilidade em delegar as tarefas a qual minha mãe desenvolveu, contribuiu muito para tornar nossa vida com poucos recursos, minimamente viável e até confortável. Acima da média, para os padrões de renda que tínhamos.

Naturalmente que, com a passagem dos anos, e a progressiva saída das duas irmãs maiores e do meu irmão do meio, em função dos casamentos e mais a transferência de meu irmão mais velho para Porto Alegre; esse volume todo de trabalho foi reduzindo.

No início de 1974, com o falecimento de meu pai, acabamos ficando em casa apenas eu (então com treze anos), minha irmã, três anos mais nova e minha mãe. A partir daí ela teve uma vida um pouco mais tranquila, reduzindo inclusive o ritmo de trabalho na costura, uma vez que conseguiu sua sonhada aposentadoria por ter contribuído com o INSS por longos anos, como autônoma.

Mas antes disso, outra jornada já havia iniciado para mim, a minha *Jornada de Superação,* conforme relato a seguir.

Um começo pouco animador

*"Se a sua primeira experiência não foi um fracasso,
não foi uma experiência."*

Felipe José Dias

A ladeira era forte.

A fábrica de sorvetes ficava numa esquina com uma rua plana que cortava a ladeira.

Diariamente, partiam dali aproximadamente 12 carrinhos com deliciosos sorvetes e picolés, que eram esvaziados (em muitos casos mais de uma vez) durante o dia, pelas ruas da cidade.

Os vendedores eram, via de regra, meninos pobres com idade entre 12 e 16 anos. Eu (com 13 anos) era um deles.

O negócio era próspero para a sorveteria e para mim. Para a fábrica (inaugurada apenas três anos antes), porque esse sistema de vendas permitia atingir toda a cidade a um custo muito baixo. Para mim, porque era minha esperança de, ainda naquele verão, levantar o dinheiro necessário para a compra de minha primeira bicicleta. E no retorno às aulas, em março, poderia exibi-la com orgulho para meus colegas!

Jornada de Superação

O produto era excelente. Havia os picolés de fruta e, a grande novidade na cidade, os picolés cremosos, além dos sorvetes em copinho. Tudo bem embalado e higiênico. Um luxo para a época!

Minha mãe havia relutado muito em me autorizar a buscar aquele trabalho. Para ela, seu filho andando pelas ruas da cidade durante todo o dia, era uma ameaça. Para mim, era uma oportunidade!

Meu pai tinha uma doença grave (que o levaria à morte antes do final daquele verão) e já não emitia opinião sobre as decisões da casa. Minha mãe, com a autoridade de ter criado e educado seis filhos, além de prover financeiramente a casa, já havia assumido soberanamente esse papel.

Com muito esforço e argumentação acabei convencendo-a. Eu ainda não sabia, mas naquele momento dava meu primeiro passo de uma jornada extraordinária de superação.

Iniciando a jornada

Os verões em Ijuí, Rio Grande do Sul, costumam ser escaldantes e aquele de 1973/74 não era diferente. Para mim, enfrentar aquele calor nas ruas da cidade não significava muito. Já havia passado vários verões monótonos e quentes como aquele. E essa oportunidade mudava tudo.

Por um lado, escapava do controle com mão-de-ferro que minha mãe impunha; por outro, desbravava com liberdade

Jornada de Superação

todos os recantos da cidade. E, de quebra, voltava para casa com dinheiro no bolso!

Havia, ainda, um prêmio especial no final da tarde. O produto não vendido, que retornava à fábrica, poderia ser adquirido pelos vendedores por uma fração do valor. Assim, evitávamos consumir durante o dia, pois teríamos que pagar o preço normal, apenas descontando nossa comissão.

Mas, no final da tarde, após a entrega dos carrinhos, todos compensavam a "abstinência" do dia comprando vários picolés que eram consumidos rapidamente para não derreter. Era uma festa.

Durante os dois meses que durou essa experiência, encerrada abruptamente por razões que relatarei adiante, pude aprender muita coisa.

A cidade, naturalmente, tinha áreas mais favoráveis à venda e outras nem tanto. O centro era mais disputado em função do grande fluxo de pessoas, principalmente próximo aos principais pontos de ônibus.

A empresa não determinava regiões para cada vendedor. A escolha era livre. Mas, na prática vigorava um código muito simples: Os mais velhos elegiam os melhores pontos e, em caso de dúvida, predominava a lei do mais forte. Uma vez estabelecido o critério, ele passava a vigorar e os demais respeitavam. Até que esse *status* fosse desafiado. Não raro, aconteciam discussões e alguns sopapos, mas nada além disso.

No meu caso, por ser iniciante, um dos mais jovens e por ser franzino, não restava alternativa a não ser circular pela cidade, sem ponto fixo. Porém isso não me incomodava.

Pelo contrário, me ajudou a pegar gosto por conversar com as pessoas, e até criei alguns clientes fixos.

Uma das estratégias de vendas que desenvolvi foi para os sábados. Na parte da manhã o centro recebia um grande fluxo de pessoas, mas ao meio dia tudo parava e, pela tarde, o centro virava um deserto.

Por isso, muitos meninos nem vendiam aos sábados, ou só vendiam até o meio dia. No começo, eu vendia até o meio dia e parava, como os demais. Mas um sábado resolvi ir até minha casa (um bairro não muito próximo do centro) para almoçar, e entregar o carrinho depois.

Para minha surpresa, no retorno para a fábrica, após o almoço, vendi todo o estoque que havia restado. Naquele dia, entreguei o carrinho vazio, raro para um sábado, mesmo com turno estendido.

Cabeça e coração

Constatei um fato curioso: No sábado à tarde os pais ficavam em casa com os filhos e isso era um tremendo gatilho para vender picolés e sorvetes. Para tanto, bastava circular pelos bairros e me anunciar nas residências, ou nem isso, pois na maioria das vezes as crianças já me avistavam de longe e corriam para chamar o pai! Em cada casa era uma festa... Vendia muito!

Logo na segunda semana de trabalho aconteceu outro fato curioso. No final da tarde, após a entrega dos carrinhos e a degustação festiva a preços simbólicos, a meninada dispersava-se, seguindo em pequenos grupos em direção a seus lares.

Jornada de Superação

Naquele dia segui conversando com um menino que morava na mesma direção. Ao passarmos em frente a uma padaria ele se despediu e me disse que iria passar ali.

Curioso, indaguei a razão. Então ele me disse:

- Olha, eu tenho três irmãos menores e não tenho pai, então eu ajudo minha mãe. Nessa padaria eles vendem, à tarde, pela metade do preço, o pão que foi produzido de manhã e não foi vendido até sair a fornada da tarde. Não sobra muito, mas eu falei com a mulher e ela sempre guarda dois para mim.

No dia seguinte cheguei em casa com enorme pão-bengala, fato que provocou um susto em minha mãe:

- O que é isso?

E eu, largando o pacote na mesa:

- Um pão. Achei uma padaria que vende um pão mais barato e a partir de hoje vou trazer pão para nós, todos os dias!

Ela murmurou um "mas não precisa", mas o que mais me impressionou foi seu olhar. Um olhar enternecido que eu perceberia em muitas outras ocasiões no futuro. Por muitos anos tentei decifrar aquele olhar, mas apenas hoje, com o passar do tempo e as experiências vividas, acho que entendi o significado. Seu olhar expressava um misto de compaixão e orgulho.

As vendas seguiam "de vento em popa" e minhas economias também. Guardava meu dinheiro numa lata de "leite ninho" (das grandes) e o volume só crescia. Havia iniciado no princípio de dezembro e já estava no final de janeiro, mas, pelos meus cálculos, ainda faltava muito para viabilizar a compra da sonhada bicicleta, que nunca pude ganhar.

Naquele ritmo, eu iria levar mais uns três meses para juntar o valor para comprar uma bicicleta usada em bom estado.

O esforço para empurrar o pesado carrinho, todo em ferro e lata, pelas ladeiras da cidade sob aquele sol escaldante era pouco para frear a motivação gerada pela sede de realizar meu sonho.

E, naquela altura, nem me dava conta que, com o reinício das aulas em março, eu teria apenas mais um mês de trabalho. Além de tudo, um fator aleatório ajudaria a complicar ainda mais meus planos.

Uma fatalidade

Tudo aconteceu muito rápido. Normalmente entregávamos os carrinhos às 18:00 horas. E costumava formar uma fila que obedecia a ordem de chegada. Assim, queríamos ficar vendendo na rua o máximo de tempo possível, mas também ninguém queria chegar por último.

Daí, sempre acontecia certa correria nas proximidades da fábrica ali pelo final da tarde. Todos querendo chegar à frente.

Naquele dia, eu estava um pouco atrasado e vinha rápido tentando recuperar o tempo perdido. Ocorre que a ladeira, antes de chegar à fábrica, era forte. Eu estava meio que apostando uma corrida com outro menino. Cada um em uma calçada oposta. Eu estava um pouco adiantado, mas ele estava no lado certo, o lado onde ficava a fábrica. Ambos corríamos. Em um momento, aproveitei a entrada de uma garagem para atravessar a rua, tentando manter minha vantagem.

E foi aí que aconteceu. Ao acessar uma entrada mais antiga de garagem para chegar à calçada oposta, o acesso estava encoberto por um pouco de grama. Senti um baque e o carrinho escapou completamente das minhas mãos, capotando diversas vezes ladeira abaixo num estrondo ensurdecedor.

Fiquei paralisado vendo tudo aquilo acontecendo meio que em câmera lenta. A tampa de metal do carrinho voou longe, espalhando as placas geladas pela calçada, bem como sorvetes e picolés que haviam sobrado da jornada diária, além de moedas e balas que eu usava para troco. Enfim, um desastre total.

Mais ou menos uns 30 metros abaixo eu já avistava a figura do filho do dono da fábrica, que fazia a recepção dos carrinhos, parado, olhando a cena com desolação. E foi ele que veio em minha ajuda. Recolhemos tudo calados, empurramos o carrinho com muito custo nos poucos metros que faltavam até a fábrica.

Lá, já me aguardava um envelope que continha minha certidão de nascimento; documento este que ficava em posse da empresa enquanto lá trabalhasse.

Não houve uma palavra qualquer, não precisava, sabia que estava sendo demitido.

Naquele dia não haveria o tradicional pão que eu costumava comprar no caminho de casa. Não iria fazer falta em nossa mesa, pois eu cumpria esse ritual mais por satisfação pessoal que por necessidade.

Minha mãe, ao me ver chegar de mãos vazias, cabisbaixo, logo percebeu o que havia se passado, ao menos em parte. Dirigindo-me aquele seu olhar, misto de compaixão, orgulho e esperança, me disse:

- Não faz mal, você vai conseguir um emprego bem melhor.

Não foi necessário falar nada. Em um instante nossos corações falaram mais que mil palavras.

Nunca considerei injusta a atitude da empresa, visto que administrar aquela turma de moleques não deveria ser fácil. E sem regras firmes isso seria praticamente impossível.

Assim, encerrava-se prematura e desastrosamente minha primeira investida profissional. Todavia minha leitura da situação foi bastante serena. Estava convicto que o ocorrido fora um acidente, a realização do sonho seria adiada, mas eu iria buscar outras formas de realizá-lo.

Mal sabia eu que naquele mesmo mês, outros acontecimentos importantes iriam desencadear uma sequência extraordinária de fatos em minha vida!

Um emprego de verdade

"Quando ajo, pedalo a roca da minha vida... e Deus fia."

Felipe José Dias

Em meados de fevereiro de 1974 meu irmão convidou-me para trabalhar em sua sapataria (que ele havia comprado de nosso cunhado alguns meses antes). A ideia era que eu fizesse minha carteira profissional e passasse a trabalhar em tempo integral, seguindo meus estudos à noite.

Aceitei a proposta na hora. Eu havia completado 13 anos apenas em novembro, e o fato de ter um emprego e passar a estudar à noite era um salto enorme rumo à minha independência.

E, de quebra, eu poderia voltar a juntar minhas economias para comprar a sonhada bicicleta.

Eu nunca tive grandes habilidades com trabalhos manuais. Já meus dois irmãos eram mestres nesse quesito. Desde pequenos faziam brinquedos em madeira como ninguém, até recebiam encomendas.

No meu caso, acabava sendo o pirralho que estava em volta atrapalhando. As vezes que tentei desenvolver a habilidade deles resultaram em completo fracasso.

45

Jornada de Superação

A chance desse trabalho na sapataria dar certo era pequena. Por um lado, pelas minhas poucas habilidades manuais já comprovadas. Por outro, porque essa relação patrão/empregado com meu irmão seria um teste de fogo para ambos.

Nunca fomos muito próximos. A diferença de idade de 5 anos, que hoje, significa pouco, naquela época era um abismo. Ele tinha 18 anos, eu 13. Ele era um homem, eu, apesar dos naturais resmungos, era um piá (pivete, criança)! Mas eu não tinha nada a perder. Então comecei a trabalhar antes mesmo de ficarem prontos os documentos.

Os desafios nessa atividade não eram poucos. No início, eu fazia as atividades mais grosseiras tais como: desmontar os sapatos a ser consertados, usar a lixadeira, passar cola e engraxar. Havia outro funcionário, um sapateiro profissional, que era bastante experiente e fazia o serviço mais complicado. Raras vezes meu serviço saia bem feito, o que era motivos de broncas seguidas.

Apesar disso, com o tempo, fui aprendendo outras atividades, como: pintar, trocar salto e sola, além de atender os clientes quando o meu irmão saía. Essa última era a atividade que eu mais gostava.

Aula noturna

Em março, iniciaram-se as aulas (sétima série do primeiro grau) e foi um susto muito grande. Os colegas eram praticamente todos adultos. Pessoas que estavam com vários anos em atraso e estavam retornando aos estudos naquele ano ou haviam retornado em anos anteriores,

Jornada de Superação

alguns já passando dos 30 anos. Eu me sentia um estranho naquele meio.

E os critérios de controle da escola noturna eram completamente diferentes da diurna. O pessoal entrava e saia a todo o momento, provocando desconcentração. A maioria não demonstrava muito interesse no aprendizado, e os professores acabavam se adaptando a esse clima.

Eu acabei adaptando-me a esse novo ambiente e entrei no ritmo do pessoal, apesar de ser ignorado pela maioria por ser muito moleque.

Um dos lances considerados *cool* pela turma era sair da aula e ir ao cinema. Era a atitude de independência só superada por dois ou três que tinham carro e saiam para dar umas voltas nos intervalos das aulas. Esses eram os reis do pedaço!

Outra mania era sair da aula para ir fumar. Isso dava uma moral impressionante!

Nesse ano fui pela primeira vez (e mais vezes) ao cinema à noite e, vez por outra, fumei algum cigarro obtido com algum colega mais chegado. Mais para entrosar-me com a turma do que por prazer.

Minha mãe havia ficado muito contrariada com essa história de eu estudar à noite, apesar de gostar da ideia de que eu trabalhasse. Ela sabia da malandragem que rolava nas escolas noturnas e temia pelas consequências.

Com o tempo ela acabou percebendo que eu não ia me perder com toda essa liberdade e aceitou a situação. Mas nunca dormia antes que eu chegasse em casa!

Jornada de Superação

Ao escrever essas linhas fico imaginando ela tendo que conviver com tudo o que rola hoje nas escolas. Certamente já teria enlouquecido!

Rotina puxada

Nesta nova fase da minha vida a rotina era puxada e muito cansativa. Levantava às 06:30 para iniciar no trabalho às 07:30. Pela manhã, ia de ônibus. Ao meio dia, ia, a pé, para almoçar em casa e retornava após o almoço. O tempo era curto, porque o reinício era às 13:30.

Então, eu tinha uma hora e meia para ir até em casa almoçar e retornar. A distância entre nossa casa e a sapataria era de, aproximadamente, dois quilômetros, e meu irmão não podia levar-me. Ele já estava casado e, apesar de ter carro, morava para o outro lado da cidade.

No verão era um sol escaldante. No Inverno, chuva, vento e muito frio, piorando um pouco as coisas.

Mas o mais difícil era a parte noturna. Saia às 18:00 horas para casa, tomava um café com pão, trocava de roupa e ia para a escola (que iniciava às 19:30 e ia até 22:30). Tudo isso também a pé. Chegava em casa passando das 23:00 horas. Ainda restava o banho, comer mais alguma coisa e descansar, para, no dia seguinte, repetir a rotina.

Por que o inverno era mais difícil? Eu tinha apenas dois pares de sapatos. No inverno, devido à chuva, não dava tempo deles secarem, pois eu tinha que usá-los o dia inteiro, até de noite. Quando os retirava, à noite, punha-os para secar atrás do fogão à lenha, que permanecia aquecido.

Jornada de Superação

Muitas vezes, pela manhã, eles ainda não estavam totalmente secos. Não havia outra solução. Escolhia o mais seco e enfrentava o dia. A coisa só melhorou um pouco no inverno seguinte, quando comprei um par de botas. Elas umedeciam um pouco, mas não chegavam a molhar por dentro.

As calças também costumavam molhar. Mas eu tinha duas para o trabalho (normalmente manchadas de tinta e cola de sapato) e duas para a escola. Todas feitas pela minha mãe. Mas, ainda assim, era comum passar a tarde ou a noite com elas molhadas, caso pegasse chuva no trajeto da tarde para o trabalho ou no trajeto para a escola.

Descanso, somente no sábado à tarde e no domingo. Naquela época todas as empresas tinham jornada aos sábados, até o meio-dia.

Grana curta

A parte financeira não estava indo como o esperado. Eu recebia 50% de um salário mínimo da época. Essa era a remuneração estabelecida por lei para menor aprendiz, que era o meu caso.

Meu irmão me pagava pontualmente, mas o dinheiro mal dava para o ônibus (que eu usava apenas pela manhã), para o lanche ou para alguma ajuda esporádica que eu dava para minha mãe.

O fato de estudar à noite implicava, também, em eventuais despesas adicionais. (um refrigerante, um cinema, um lanche).

Jornada de Superação

Em setembro daquele ano, houve uma correção do salário mínimo e, consequentemente, do meu. Mas as coisas não mudaram muito, pois esse aumento apenas recompunha a inflação do ano. Assim, minhas economias estavam estagnadas e meu "projeto bicicleta" também.

Eu não tinha muita confiança em exigir melhora real de salário, pois a qualidade de meu trabalho deixava a desejar, haja vista algumas reclamações de clientes.

Assim, nossa relação não era uma maravilha, mas íamos convivendo. Além disso, emprego para jovens na minha idade era coisa rara. Portanto, era mais prudente conformar-me com o que havia.

Adolescência e crise de autoestima

Dessa maneira, o ano de 1974 ia chegando ao seu final. Completei 14 anos em novembro e, com o aniversário, começaram a surgir os "grilos" hoje encontrados com naturalidade nos jovens dessa idade. Naturalmente que minha realidade adicionava alguns agravantes à situação.

Autoestima, até aquela época, nunca havia sido meu ponto forte. A realidade que vivíamos era de *bullying* constante na escola e até mesmo entre os irmãos. Naturalmente que essa palavra ainda não havia sido descoberta e encarávamos como algo normal, algo pelo qual todos passavam e tinham que superar. Mas essa atitude não era suficiente para reverter sensações de inferioridade.

Aos poucos, foi surgindo a vergonha de andar com roupas feias na rua, das mãos sujas de graxa e tinta de sapatos, além das inseguranças normais da idade.

Jornada de Superação

Também não via, nesse cenário, alguma possibilidade de melhora a curto ou médio prazo. Assim fui ficando mais introspectivo, reservado e triste.

Tinha um grande vocabulário, proporcionado pela avidez de leitura que desenvolvi logo na alfabetização, mas quase não conseguia me expressar, paralisado por um misto de vergonha e timidez.

Naquela circunstância ocorreu um fato interessante. Meu sonho de comprar a bicicleta esvaiu-se rapidamente. Foi substituído pelo sonho de ser *office-boy*.

Eu achava o máximo ver os rapazes andando pela rua com pastas executivas e *roupas boas*. E havia os estagiários do Banco do Brasil, com aqueles uniformes azuis. Esse era um sonho quase impossível!

Novamente o imponderável

O ano de 1975 entrou apático, sem novidades e sem perspectivas. Mas mal sabia eu que aquele ano reservava para mim uma nova mudança, menos pela minha atitude de mudar e mais por alguma força aleatória que, por vezes, nos empurra para o encontro com nosso destino.

Em abril rolou uma situação insustentável entre mim e meu irmão. Ele aplicou-me uma bronca. Não lembro os detalhes, mas foi em função de um serviço mal feito que entreguei para um cliente.

Eu argumentei que meu serviço era ruim por culpa dele, por não me ensinar direito; levantei o tom, mas na defensiva. O "caldo" azedou.

Jornada de Superação

Por fim, fizemos um acordo e ele me demitiu. Mas não ficamos brigados. Coisa de irmão. Trabalhei até o final do dia e fui para casa profundamente abatido e triste, sem força e vontade para ir à escola.

Estava, então, com 14 anos.

Mas mal sabia eu, naquele instante, que o universo estava agindo e aquela tristeza não iria durar até o anoitecer.

Entre os caras

"A vitória demora, mas com muito trabalho, perseverança, tombos, desafios e apoio de pessoas valiosas, ela chega e chega com tudo."

Zora Viana

Entre minha casa e a sapataria do meu irmão, aproximadamente no meio do caminho, existia outra sapataria. O proprietário era pessoa conhecida. Lembro que ele, sendo amigo de meu cunhado, estava no casamento de minha irmã, em 1971. Ele era uma pessoa brincalhona e divertida. Pediu-me que fosse comprar cigarros, me presenteou com o troco. Ficamos conhecidos. Infelizmente ele já faleceu há alguns anos. Assim, tomo a liberdade de tratá-lo pelo nome: Flori.

Flori tinha muitos amigos. Todos solteiros. Formavam um grupo muito bacana, compartilhando a vida noturna da cidade, e fazendo churrasco nos fins de semana.

O grupo era composto de rapazes, a maioria com idade abaixo dos 30 anos, de diversas faixas de renda. Um (o mais novo) era estudante universitário, outro era cobrador, outro analista de sistemas. Havia um que era gerente de uma empresa de seguros, outro que era meu primo (Clóvis), e havia o Flori, que era uma espécie de líder do grupo.

Para mim, eles eram *Os Caras*. Costumavam reunir-se, invariavelmente, no final de tarde, após o trabalho, em frente à sapataria, para compartilhar um papo descontraído regado a um bom chimarrão e muita camaradagem.

Eu já conhecia de vista a maioria deles, pois passava por ali todos os dias. Às vezes o Flori puxava um papo rápido comigo.

Naquela tarde eu passava por ali, do outro lado da rua, cabisbaixo, remoendo minha tristeza pelo ocorrido a menos de hora atrás. Flori, percebendo minha tristeza, chamou-me para uma conversa. Atravessei a rua meio a contragosto, não estava muito interessado em papo naquele momento.

Então, ele me perguntou o que havia acontecido, pois eu estava com uma cara muito triste. Envergonhado, contei-lhe o ocorrido de forma bem sucinta, e então, ele me surpreendeu. Pediu que eu passasse no outro dia ali, pois ele estava com muito serviço e precisava de alguém para ajudar.

O resultado já se pode imaginar. Menos de uma hora após ter sido demitido eu já havia arranjado outro emprego!

Não era o cargo de *office-boy* com o qual eu sonhava, mas essa oportunidade iria abrir as portas para um futuro que eu jamais sonhei.

Fui para casa feliz e naquela noite tive um sono agitado, embalado pela curiosidade de saber como seria esse novo trabalho.

Subindo rápido

O dia seguinte foi um dia único para mim. Cheguei cedo e Flori já estava me aguardando. Havia montes de calçados esperando por conserto.

Nunca havia visto tanto sapato na minha vida.

Logo fiquei sabendo que o funcionário principal (conhecido como Alemão) estava ausente e, nas últimas semanas, foi trabalhar poucos dias, em função de uma doença em sua mulher.

Acertamos o salário, o que não foi difícil, pois ele me ofereceu o dobro do que eu ganhava. E comecei a trabalhar naquele dia mesmo.

Quando encerrei o primeiro lote (havia aproximadamente uns 10 pares), chamei-o para efetuar a inspeção. Nesse momento aconteceu algo inusitado: Ele rejeitou todos! Fiquei apavorado, imaginando que seria novamente demitido.

Mas, para minha surpresa, ele me disse para não ficar chateado, que eu era muito jovem e que ele iria me ensinar a fazer o serviço da forma correta.

E assim foi feito! Ele passou o resto do dia ensinando-me os detalhes que deixavam o serviço perfeito. Em poucos dias a qualidade de meu serviço deu um salto muito grande.

Após duas semanas, com a ajuda das vindas esporádicas do Alemão, ao qual eu era subordinado, colocamos em dia as pendências.

Jornada de Superação

A sapataria tinha um grande movimento, pois o Flori era muito conhecido e um profissional respeitado na cidade.

Portanto havia serviço para os dois e, por uns dois meses a coisa seguiu nesse ritmo.

Então aconteceu um fato inusitado: O Alemão pediu demissão, pois havia decidido mudar de cidade.

Em trinta dias ele deixaria o trabalho.

Esse fato gerou bastante apreensão de minha parte. Lembro-me de ter falado para o Flori algo como:

- E agora, o que vamos fazer?

Sabíamos que não existiam profissionais com o gabarito do Alemão na cidade. Mas ele me respondeu de forma tranquila:

- Vamos ver. Vamos pensar o que fazer.

Durante os 30 dias seguintes, procurei aprender o máximo possível de coisas que ainda não sabia sobre o trabalho, já imaginando que teria que dar conta de tudo, até que fosse encontrado outro profissional.

Eu não sabia, mas o Flori já havia decidido contratar apenas um assistente e deixar-me como o profissional principal.

Ele me deu essa notícia no dia seguinte à saída definitiva do Alemão. Também falou que tinha muita confiança em mim e propôs pagar-me como pagava ao Alemão, uma comissão de 25% sobre o valor cobrado do cliente; ao passo que eu assumiria minhas despesas de INSS e encargos.

Jornada de Superação

O pagamento seria feito semanalmente, aos sábados. Em contas grossas isso significava que meu rendimento médio iria dobrar mais uma vez!

Foi isso que aconteceu, e mais. Antes de completar um ano de ingresso na empresa eu recebia aproximadamente um salário mínimo por semana.

O que não era pouco para um moleque de 15 anos!

Aprendendo sobre a vida

O período que trabalhei com o Flori teve importância fundamental na minha carreira e, também, na minha formação como indivíduo.

Ele, apesar de possuir uma formação escolar rudimentar, era inteligente, tinha uma grande sabedoria e experiência de vida e um coração de tamanho infinito.

Eu, pelo fato de ter tido um pai ausente e uma mãe que não tinha tempo de compartilhar sua sabedoria com os filhos, carecia muito de ensinamentos sobre a vida, sobre princípios, valores, amizade e relacionamento. E eu aprendi muito sobre tudo isso ali.

Aprendi o valor de construir uma reputação profissional. O valor de se ter amigos fiéis. O valor do equilíbrio entre o prazer e o dever. E, também, o valor do respeito que se deve ter por todos, independentemente de qualquer condição social, racial, religiosa ou outra qualquer.

No início de 1976, comprei minha primeira bicicleta. Não era nova. Para dizer a verdade, era bem velha! Já havia sido repintada e os pneus estavam acabados. Havia um que tinha uma espécie de atadura para evitar que a câmara de ar ficasse exposta!

E para completar, no segundo dia que saí com ela, o banco quebrou. Improvisei um conserto e segui adiante. Era meu troféu. Um sonho que havia perdido força, mas foi realizado. Eu a usava para ir ao trabalho. E gastei apenas uma parte do dinheiro que já havia guardado.

Sonho realizado, novo sonho criado. A meta, agora, era juntar dinheiro para comprar uma moto, que ocorreria no início de 1978.

Mas ainda estávamos no começo de 1977 e as neuras da adolescência ainda eram muito fortes. Dentre elas, a vergonha do meu trabalho, que chegava ao ponto de tentar esconder dos colegas (agora já estava no segundo grau) que eu trabalhava em uma sapataria.

Já havia compartilhado com o Flori, meu sonho de ter uma profissão melhor. Ele concordou plenamente dizendo que eu tinha condições para isso, pois estava estudando, tinha muita capacidade e, quando chegasse a hora, não haveria problema nenhum; ele iria dar um jeito de se virar.

O cara entre os caras

Entre *Os Caras*, havia um que me despertava especial curiosidade, por trabalhar como analista de sistemas. Naquela época havia poucos computadores e quem trabalhava nessa área era considerado gênio. E era assim que eu o via, como um gênio. Vitório é o nome da "fera".

Jornada de Superação

Ele tinha, aproximadamente, 25 anos na época e já tinha a profissão do futuro. Trabalhava num grande bureau de processamento de dados da cidade, uma empresa chamada *Cotridata*. E por que eu o cito em destaque aqui? Logo explicarei o papel importantíssimo que ele desempenhou em minha *Jornada de Superação*.

Mas, por enquanto, a luta era para realizar meu sonho. E meu sonho era ser *office-boy*. Mesmo sabendo que, trocando de emprego, meu salário seria muito inferior.

Uma boa notícia e uma grande surpresa

Tenho um cunhado que, na época, trabalhava no escritório de uma empresa de ônibus. Eu havia solicitado a ele que me avisasse de qualquer oportunidade que aparecesse no escritório.

E isso acabou acontecendo em abril de 1977. O *office-boy* da empresa saiu em função de compromissos com o exército. Era meu sonho na iminência de ser realizado. Após a conversa com meu cunhado, falei com o Flori a respeito. Comentei que a oportunidade havia surgido e que eu iria fazer uma entrevista.

A reação dele foi serena, de alguém que já esperava uma notícia desse tipo. Mas não se conformou que eu saísse dali para ser *office-boy*. Segundo ele, eu tinha capacidade para algo melhor. E pediu que eu aguardasse até o dia seguinte.

Ele iria falar com *Os Caras* no final da tarde e procurar uma melhor alternativa para mim. Pedi ao meu cunhado que segurasse a entrevista, explicando a situação toda. Foram uns dias tensos porque temia perder a oportunidade.

Jornada de Superação

Passei a noite acordado, agitado, com a expectativa do dia seguinte. E uma grande surpresa aconteceu. Ao apresentar para *Os Caras* a minha situação, o Vitório comentou que na empresa dele, a *Cotridata*, havia surgido, naquela semana, uma vaga para operador do computador.

Ele iria verificar mais detalhes e tentar agendar uma entrevista para mim.

Até hoje não consigo descrever a onda de alegria e emoção que se abateu sobre mim naquele instante. Era difícil acreditar no que estava acontecendo.

Meu próximo ato foi pedir a meu cunhado que segurasse um pouco mais a vaga, até que eu tivesse o resultado da entrevista, que no dia seguinte já estava marcada.

A entrevista mais importante da minha vida

No dia da entrevista, acordei com absoluta convicção de que esse dia ficaria na história como um dos mais importantes da minha vida.

Ao chegar à empresa, foi-me solicitado que aguardasse num corredor, pois o gerente estava entrevistando outro candidato.

Podia escutar a conversa fluida dos dois e "congelei". Aquele candidato tinha uma desenvoltura na conversa que eu, com minha timidez, certamente não chegaria nem perto.

Isso abalou muito minha autoconfiança, e passei a ter sérias dúvidas sobre o sucesso da entrevista, antes considerado certo.

Jornada de Superação

Eles ficaram conversando por mais de meia hora. Não sei quanto tempo estavam ali, antes da minha chegada.

A conversa seguia fluida, falavam sobre amenidades, como velhos amigos. Já não era mais uma entrevista.

E eu, aguardando. Não havia mais unha para roer naquelas mãos escurecidas por tinta e graxa de sapato, as quais costumava manter fora da vista das pessoas.

Meu pensamento era:

– *Como vou sustentar uma conversa dessas?*

Sabia que isso seria impossível.

Então, enquanto eu divagava sobre isso, a porta se abriu, o candidato saiu e foi encaminhado a uma sala anexa. Ele aparentava ter entre 24 e 25 anos.

Pelo que ouvi, pude identificar que estava trabalhando numa excelente empresa que eu conhecia devido às propagandas no rádio.

Certamente iria aguardar a minha entrevista para, depois de escolhido, já fazer a negociação, pensei.

Entrei e sentei-me, sem esconder certo constrangimento e me sentindo já meio derrotado diante do cenário tão desfavorável. Era a primeira vez que eu entrava em uma sala daquelas.

O gerente, aparentando ter quarenta e poucos anos, olhou-me de maneira enigmática. Até hoje fico imaginando o que passava em sua cabeça naquele instante.

Jornada de Superação

Eu, logicamente, não possuía curriculum. Havia preenchido uma ficha na recepção e essa folha se encontrava em suas mãos. Não havia muito que ler nela.

Hoje, após 45 anos de carreira e tendo entrevistado mais de 2.000 pessoas, sei que o currículum vitae ou uma boa ficha, sempre são uma boa base para iniciar a conversa. E, certamente, ele pensava em como iniciar uma conversa naquela circunstância.

Foi então que "caiu a ficha". Percebi que só estava ali pela força que o Vitório deve ter feito. Ele fora meu padrinho!

Naquela altura, eu já torcia para que aquilo acabasse rápido, qualquer que fosse o resultado.

Então ele iniciou a conversa. Perguntou se eu conhecia fluxograma, se eu tinha ouvido falar em Cobol (a principal linguagem utilizada em programação na época), se eu conhecia algo sobre lógica, se alguma vez eu havia visto um computador, e mais algumas perguntas que não me recordo.

Minhas respostas foram uma sequência interminável de "nãos". Minha barriga doía.

Daí ele fez a pergunta final, imagino que para liquidar o assunto:

- *Você alguma vez aprendeu alguma coisa sobre computador?*

E aconteceu o milagre. Minha resposta foi:

Jornada de Superação

- *Sim*. E prossegui dizendo que, na sexta série, eu havia aprendido linguagem binária na escola. Era a linguagem básica que ocorria na memória do computador.

Assim como a linguagem decimal era composta por dez símbolos, a binária era composta por dois, o zero e o um.

Não esqueço a expressão de espanto de seu rosto.

Pedi uma folha para demonstrar como se calculava. Ele disse que não era necessário. A entrevista terminou ali. Não demorou cinco minutos.

Em seguida ele me explicou que eu iria fazer um teste junto com o outro candidato. Encaminhou-me para a sala ao lado; apresentou-nos as instruções e nos deixou a sós, cada um com seu material para fazer o teste, que era individual.

Senti que havia entrado no jogo. Agora não perderia mais.

O teste era, basicamente, de lógica, estilo psicotécnico, com várias seções que iam aumentando, gradualmente, de complexidade. Nunca havia feito, mas não achei tão complicado.

Comecei a responder e, quando ficava em dúvida, pulava a questão, pois havia um tempo pré-determinado o teste. E havia, ainda, uma pegadinha. Para cada três questões que fossem respondidas erradas, seria descontada uma questão certa.

Logo percebi uma certa agitação por parte do meu concorrente. Ele folheava nervosamente o caderno com as questões para frente e para trás. Fiquei ainda mais tranquilo.

Não demorou muito para ele levantar-se e bater à porta que dava para a sala do gerente, que o atendeu prontamente. Ele falou que não estava se sentindo muito bem e voltaria outro dia para conversar. Entregou o material e saiu.

Naquele momento percebi que havia virado o jogo! Segui respondendo tranquilamente as questões, deixei algumas em branco por serem extremamente duvidosas para mim e, quando a campainha do tempo soou, entreguei o material.

Ele fez a conferência na hora, me cumprimentou dizendo que eu fora muito bem e que eu seria contratado. Logo chamou a supervisora do setor de operação do computador que informou alguns detalhes da função e me encaminhou para a responsável pelo departamento de pessoal.

Duas semanas depois eu estaria na IBM, em Porto Alegre, fazendo o Curso "DOS/VS Para Operadores de Sistemas IBM/370". Creio ter sido a pessoa mais jovem a fazer esse curso em toda a história da IBM, na época, a gigante mundial dos computadores.

Olhando hoje para o passado, tenho certeza de que a indicação do Vitório foi fundamental, ou até decisiva para que eu fosse o escolhido. Mas a forma como as coisas aconteceram na parte final da entrevista, também me dão a certeza de que não fui tão coadjuvante assim. E devo eterna gratidão ao Vitório (nossa história juntos estava apenas começando) e à professora de matemática, que havia me ensinado a linguagem binária.

Despedindo-me de um mestre

Jornada de Superação

Trabalhei aproximadamente 2 anos na sapataria com o Flori. Foi um período extraordinário. Ao sair de lá, com 16 anos, eu senti que havia me transformado. Minha autoestima havia melhorado significativamente. Tinha uma noção mais clara dos meus potenciais e uma maior autoconfiança.

Não tenho a ousadia de afirmar que ele teria sido como um pai para mim. Mas, certamente, com ele aprendi muita coisa que não pude aprender com meu pai. E, por isso, guardo dele as melhores lembranças. Agradeço sempre a Deus por tê-lo posto em meu caminho.

Agora se iniciava uma nova jornada para mim. Meu sonho de ser *office-boy* acabou ficando pelo caminho. Como uma miragem que jamais foi alcançada, mas substituída por algo real e bem mais grandioso.

Algo extremamente desafiador!

Jornada de Superação

Entrando no jogo pra valer

"Naquela época, para mim, aqueles analistas e programadores, entrando e saindo da sala do computador, pareciam magos. Mal imaginava eu que, em menos de um ano, seria um deles."

Felipe José Dias

A relativa noção de tempo

Em março de 1977, eu, com 16 anos, já havia entrado no jogo de gente grande, tinha uma história para contar e estava decidido a não voltar atrás.

Havia se passado apenas três anos e alguns meses desde meu desastroso início com os sorvetes. Mas para mim foi uma eternidade. Dalí em diante o tempo passaria muito mais rápido.

É importante relatar que, nessa mudança de emprego, tive que abrir mão de 50% da minha renda. Sim, na sapataria eu recebia o dobro do que fui ganhar na empresa de computadores! Mas tinha a certeza de que esse seria um sacrifício temporário, que seria largamente compensado no futuro.

Os primeiros dias

Com as mãos ainda escuras de graxa e tinta de sapato, fui enviado a Porto Alegre para fazer o curso de Operador de Computador. O grupo de alunos era composto, em sua maioria, por homens, com idade entre 25 e 35 anos. Eu era, de longe, o mais jovem do grupo. E também o mais tímido.

Recordo que, na época, minha timidez era tanta que tinha vergonha até de atender a uma simples chamada telefônica.

Mas logo percebi que, estando nesse jogo, do qual, no que dependesse de mim, não mais sairia, a reversão dessa fraqueza seria uma questão de tempo.

No curso havia tudo para aprender e o volume de informações era imenso. Para piorar um pouco, a maioria da turma era composta por pessoas que já tinham certa experiência prática e teórica dos conteúdos. E as perguntas que eles faziam deixavam-me ainda mais desconcertado. Não estava entendendo nada.

Com muito esforço e revisões exaustivas dos conteúdos, à noite no hotel, fui assimilando os conteúdos, começando a perder o medo, ganhando autoconfiança e pegando gosto pela coisa.

Dez dias depois, ao retornar do curso, já vinha com uma pegada mais confiante.

No retorno, encontrei várias mudanças na empresa. O gerente geral que me contratou havia saído. Minha chefe, que havia me acolhido e orientado nos primeiros dias de trabalho, havia sido realocada para outro setor.

Jornada de Superação

Com essas mudanças, fiquei um pouco apreensivo, mas em poucos dias a apreensão foi superada e fui conquistando a confiança dos chefes e colegas mais experientes.

É impossível descrever o orgulho que eu sentia nesse novo emprego. Isso fazia que meu aprendizado fosse muito rápido.

A máquina incrível

O computador era um mainframe IBM/370, que ocupava uma sala com aproximadamente 200 metros quadrados e era operado por dois profissionais: 1 - O operador de console, normalmente o mais experiente. Era o que disparava os processos e administrava os comandos para a máquina. 2 – O assistente. Era o que administrava os demais equipamentos, tais como: leitoras/gravadoras de fita magnética e discos magnéticos (onde ficavam os arquivos), leitora de cartões perfurados e impressora.

Eu, por ser iniciante, era o assistente. Mas quando o operador se ausentava, logo assumia as funções de operador de console. Por esses dias, minha sensação era de que estava vivendo um sonho mágico.

Recordo-me de uma situação que ocorreu num desses primeiros dias, a qual me encheu de orgulho. Eu estava operando o console quando recebemos a visita de uma turma da escola que eu frequentava (era comum estudantes virem conhecer o computador), coordenada por uma professora que havia me dado aula no ano anterior.

Acontece que, casualmente, ela era, também, cliente da sapataria. Ficou encantada e comovida ao ver-me

Jornada de Superação

comandando aquela sala imensa, cheia de máquinas fantásticas. Apresentei tudo a eles orgulhosamente.

Nessa época, eu não tinha, ainda, muito contato com o Vitório, meu anjo da guarda, que havia me indicado e aberto as portas para todo esse universo que começava a descortinar-se em minha vida. Ele, como analista de sistemas (assim como todos os programadores), trabalhava no segundo andar. O computador ficava no primeiro.

Logo percebi que no segundo andar era onde ficavam os verdadeiros "cérebros" daquele negócio, os programadores e analistas de sistemas.

Eles costumavam descer ao primeiro andar para acompanhar compilações e testes de seus programas. E usualmente solicitavam para serem chamados quando seus processos *"entrassem em máquina"*. Para mim, eles eram verdadeiros *"magos"*.

Uma parte desse pessoal foi aprovada em um grande recrutamento que foi notícia na cidade, efetuado pela empresa na época de sua abertura (1972), ainda com o nome de *Regionaldata* e com outra composição societária.

A competição foi muito grande, pois eram aproximadamente 150 candidatos para 6 vagas de programador. Ela foi elaborada em várias etapas que incluíam treinamentos e avaliações eliminatórias.

Portanto, eles eram, de fato, uma equipe de elite.

Vitório foi um dos que passaram por essa incrível peneira. No final ele acabou se classificando em terceiro lugar.

Jornada de Superação

Outros analistas e programadores que compunham a equipe foram recrutados em outras cidades, havendo entre eles dois chilenos e um uruguaio.

Aos poucos, fiquei conhecendo e fazendo amizade com todos. E não demorou muito para que despertasse em mim o sonho de aprender a programar em *Cobol* e fazer parte desse grupo de elite.

Mas de que maneira? Não havia cursos de programação naquela época. Tampouco a empresa dispunha de algum tipo de treinamento interno. Portanto, essa possibilidade, naquele momento, era apenas um sonho impossível.

De resto, havia muito a aprender na operação. E isso passava por conquistar uma posição definitiva como *Operador de Console*. Esse era meu objetivo possível para o momento.

Logo a oportunidade apareceu.

A maior cliente da empresa, uma cooperativa agrícola, estava ampliando suas operações no Mato Grosso do Sul, estado recentemente desmembrado do Mato Grosso.

Nossa empresa, ao mesmo tempo, estava implantando um processo de descentralização da digitação dos dados e transmissão, através de computadores Cobra (computadores brasileiros) para esse cliente.

A solução passava por enviar um operador experiente para coordenar essa atividade em Campo Grande, a capital.

O operador que se candidatou e foi selecionado coordenava o turno da madrugada (00:00 às 06:00). E eu fui designado para substituí-lo!

Jornada de Superação

Fui submetido a um treinamento intenso por dois meses para assimilar todas as características e particularidades dos processos que rodavam nesse turno e, ao cabo de dois meses, assumi a titularidade do turno da madrugada.

Subi mais um degrau na minha carreira e, ao mesmo tempo, tive uma oportunidade inesperada de aprendizado, que iria acelerar ainda mais meu crescimento.

Na elite da operação

A operação no turno da madrugada era para bravos. No treinamento já havia percebido isso. Você estava sozinho para tomar as decisões sobre os diversos problemas e situações de contingência que surgissem.

Enquanto de dia você tinha os programadores, analistas e o responsável pelo setor de planejamento da carga de máquina disponíveis para solucionar qualquer dúvida que surgisse, à noite você estava só.

Mais tarde fui descobrir que a vaga sobrou para mim porque ninguém quis assumir o "pepino".

O custo hora/máquina era altíssimo e qualquer vacilo que acarretasse perda de tempo ou reprocesso poderia implicar em grande prejuízo para a empresa.

Por isso os primeiros dias foram tensos, mas aos poucos fui adquirindo maior autoconfiança e, ao cabo de um mês, já estava acostumado com a rotina.

Jornada de Superação

O turno da madrugada

A característica do trabalho da madrugada era completamente diferente. Naquela época, a empresa, como bureau de processamento de dados, processava as contas correntes de, aproximadamente, umas quarenta agências bancárias do interior do RS.

Perto da meia noite, horário em que eu começava, a parte mais complicada, que era da validação dos dados, já estava pronta. A partir daí, eram disparados os processos de cálculo e atualização de cadastros. Daí o computador praticamente trabalhava sozinho, exigindo pouca intervenção dos operadores. Interação maior só seria exigida lá pelas 04:00 horas, quando se iniciava a impressão dos relatórios, que era a parte final.

Logo eu percebi que havia muito tempo disponível nesse turno. Naturalmente que eu queria aproveitá-lo. Mas de que forma?

Um dia, colocando em ação minha tradicional curiosidade, descobri um armário que continha inúmeros manuais do computador. Ali, certamente, deveria haver algo que me interessasse.

E acabei descobrindo uma verdadeira joia! Um manual de instrução programada da IBM, para programação na linguagem *Cobol*. Essa era a linguagem utilizada em todos os sistemas comerciais naquela época. Era o meu passaporte para entrar no mundo dos magos. E eu, logicamente, não iria perdê-la.

Os meses seguintes foram intensos. Estudei como nunca. Por vezes, quando acabava meu turno, às 06h00min horas,

Jornada de Superação

acabava ficando até os programadores e analistas chegarem para esclarecer dúvidas de *Cobol* com eles.

Nessa época decidi escrever, clandestinamente, meu primeiro programa.

Tratava-se de um programa que permitia ao operador conversar com o computador. Tudo muito rudimentar. Uma das limitações é que a pergunta devia ser digitada exatamente conforme especificado no programa, caso contrário o programa não a identificava.

Mas isso, para mim, era um mero detalhe. O que importava era que o programa funcionasse. E funcionou.

Como eu fazia para compilar e testar o programa? O computador era multiprogramável, ou seja, tinha partições que poderiam disparar programas simultaneamente. Assim, eu abria uma dessas partições durante os processos normais, que eram demorados, e fazia meus testes tranquilamente, sem causar prejuízo para a empresa.

Mas logo minha festa acabou. O pessoal do RH descobriu que eu era menor de idade (havia feito 17 anos recentemente) e não poderia trabalhar na madrugada. Assim, eu iria treinar outro operador e voltar para algum turno do dia, pela manhã ou à tarde. Não recebi de bom grado essa notícia, mas não tinha escolha.

Trabalhei no turno da madrugada por, aproximadamente, quatro meses. Foi um período de aprendizado intenso. Ao mesmo tempo, essa função me trouxe prestígio perante a empresa e os colegas, pois havia enfrentado o desafio com desenvoltura e autoconfiança.

Porém, a "cereja do bolo" foi ter aproveitado o tempo disponível e feito meu primeiro programa em Cobol.

Passaporte para o mundo dos magos

Ainda não havia completado um ano de empresa quando retornei para assumir o turno da tarde da operação, mas a operação já não era mais desafiadora para mim.

Eu estava decidido que seria programador. Como isso iria ocorrer eu não sabia. Mas essa dúvida não impediria meu plano de prosseguir com o aprendizado.

E foi assim que, um belo dia, fui flagrado testando melhorias no meu programa por ninguém menos que o diretor da empresa. Ele perguntou quem havia feito aquele programa; eu respondi, e ele saiu da sala. Naquele instante, pensei comigo:

- Pronto Felipe, fim de carreira!

Não levou cinco minutos para que eu fosse chamado à sala da diretoria. Meu coração quase saia pela boca; meu estômago, embrulhado. A vontade era ir primeiro ao banheiro, mas pensei:

– A espera pode irritá-lo ainda mais. E fui direto.

Chegando lá, encontrei a sala cheia de gente. Estavam reunidos: o diretor, o gerente administrativo, o supervisor da operação (que também era analista de sistemas) e o gerente de análise e programação.

Ao ver aquela turma toda tremi mais ainda, mas imediatamente me veio um pensamento:

Jornada de Superação

- Se fosse para me demitir, não seria necessário reunir tanta gente. E isso me deu um fio de esperança.

O diretor girava para um lado e para outro em sua imponente cadeira, que mais parecia um trono; mas não percebi raiva em seu semblante. Ao contrário, ele estava sereno e até parecia feliz. Convidou-me a sentar.

Naquela época, minha pele era muito branca, naquele momento, então, devia estar transparente. Sentia um ar gelado em meu rosto, apesar de não estar frio naquele dia.

O estômago apertou novamente.

Ele foi direto ao assunto, ordenando que eu explicasse a história toda daquele programa (aparentemente ele já havia explicado o ocorrido aos demais).

Eu, então, expliquei a questão do tempo ocioso e que eu o aproveitei da melhor forma possível. Expliquei a forma que utilizei o computador para testar meu programa, sem causar prejuízo e que não havia envolvido ninguém no processo. A responsabilidade era totalmente minha.

Para minha surpresa (e alívio), ele não estava nem um pouco interessado em punir-me. Recomendou que eu parasse imediatamente com a brincadeira e ordenou ao coordenador do setor de operação (um chileno genial), que estava desenvolvendo um novo sistema de controle de associados para a cooperativa (nosso principal cliente), que me desse um programa desse sistema para fazer e que me desse acompanhamento e orientação para que eu me tornasse programador, o mais rápido possível.

E, para complementar, ainda deu uma esculhambada no pessoal presente, dizendo que ele tinha que ir ao primeiro andar para descobrir os talentos que havia na empresa.

Saí da reunião sem acreditar no que havia acontecido. Para encurtar a história, em cerca de dois meses, eu seria promovido para programador de computador.

Eu havia aprendido a programar sem nunca ter feito uma faculdade, nem sequer um curso técnico, apenas com os manuais de instrução programada da IBM e alguma orientação daqueles que, até poucos dias atrás, eu considerava magos. Agora eu era um deles!

No segundo andar

Um ano após viver um sonho ao entrar na sala do computador, eu vivia outro, certamente ainda mais grandioso. Eu estava no segundo andar, o território dos magos.

Era um ambiente onde imperava o silêncio e a concentração.

Trabalhei para diversos analistas de sistemas, fazendo programas de validação de dados, impressão de relatórios, atualizações de cadastros, elaboração de cálculos de conta de energia, cálculos e emissão de extratos, e uma infinidade de aplicações para os clientes da empresa.

Acabei por tornar-me um hábil programador *Cobol.* Estava, então, com apenas 18 anos.

Gestando um voo mais ousado

Com essa idade eu tinha, certamente, o melhor emprego que um jovem da minha cidade pudesse desejar.

Meus rendimentos haviam se multiplicado desde o início como operador estagiário, o que havia possibilitado a compra de uma motocicleta, que foi substituída um ano depois por um automóvel.

Boa parte de meus complexos de inferioridade haviam ficado para trás. Havia me transformado num jovem mais extrovertido e confiante no futuro.

Também percebia um sentimento de orgulho por parte da minha mãe, que acompanhava todos esses acontecimentos em minha vida sem entender muito bem, mas sabendo que meus progressos eram grandes.

Mas, apesar de tudo isso minha mente estava inquieta.

Nessa altura eu já havia terminado o segundo grau e cheguei até a fazer vestibular para administração de empresas. Todavia, não cheguei a efetuar matrícula. Meu desejo era fazer uma faculdade de informática, afinal o caminho natural para um programador era tornar-se analista de sistemas.

Era esse meu sonho naquele momento.

Acontece que esse tipo de curso superior não existia em Ijuí, tampouco nas cidades vizinhas.

Também, havia crescido, lá no meu íntimo, talvez movido por aquela experiência vivida em minha viagem a Porto

Jornada de Superação

Alegre no ano de 1967, o desejo de conhecer outros lugares, ganhar o mundo.

Então, comecei a estudar a possibilidade de sair de Ijuí, migrando para alguma grande cidade do estado ou de Santa Catarina, onde houvesse curso superior na área de informática. Também não queria afastar-me muito de minha mãe.

E isso passava, primeiro, por arranjar um emprego em uma dessas cidades.

No segundo semestre de 1979, fiz algumas sondagens em Porto Alegre e em cidades vizinhas, mas não consegui nenhuma proposta concreta de trabalho.

Parecia haver, por parte das empresas, certo receio em contratar um profissional tão jovem, sem curso superior e, ainda por cima, vindo do interior.

Mas eis que o universo novamente entra em ação, e surge uma possibilidade.

Como já relatei anteriormente, a minha empresa processava contas correntes para vários bancos. E o sistema utilizado era alugado de uma empresa de Blumenau que, na época, dominava a criação de softwares para a área bancária no Brasil.

Um analista de sistemas dessa empresa, chamado Laorgue, nos visitou para fazer uma atualização de versão do software e ficou alguns dias por lá. Acabamos nos conhecendo. Isso despertou meu interesse por conhecer mais a respeito dessa cidade.

Jornada de Superação

Ele me contou que, recentemente, a faculdade de Blumenau havia aberto um curso de tecnólogo em processamento de dados, e que havia grande carência de profissionais demandados pelas grandes indústrias da cidade, as quais estavam implantando seus próprios centros de processamento de dados.

Ao ouvir isso, cheguei a ficar tonto! Eu precisava urgentemente conhecer essa cidade. E o caminho seria através do Laorgue. Ele não sabia, mas eu acabava de elegê-lo o meu padrinho de Blumenau.

E assim foi. Ele me recebeu em Blumenau, me hospedou em sua casa e arranjou uma entrevista com o diretor de sua empresa.

Fui recebido pelo diretor, que me apresentou toda a empresa e, finalmente, me encaminhou ao supervisor de sistemas para uma entrevista, na qual houve um longo bate papo e um teste prático de Cobol.

Terminado o teste, ele saiu para fazer a avaliação. Meia hora depois, o diretor voltou e me colocou a seguinte situação. Ele disse que eu havia me saído muito bem na entrevista e na avaliação, mas eles não costumavam contratar programadores dessa forma.

Eles costumavam ministrar um curso para iniciantes, e o recrutamento de seus profissionais ocorria entre os que haviam se saído melhor nesse curso.

Porém, se eu quisesse, poderia deixar meu curriculum que ele apresentaria para alguns gerentes de empresas, que eram seus conhecidos. Daí poderia surgir alguma oportunidade para mim.

Jornada de Superação

Com uma ponta de frustração, mas sem esconder minha gratidão pela transparência e pela prestatividade deles, aceitei prontamente a sugestão.

À noite, embarquei de volta para Ijuí sem muita convicção de que aquilo que eu havia feito surtiria algum resultado, mas com a consciência tranquila por ter agido de acordo com meu sonho. Se nada acontecesse, iria buscar outro caminho, mas sem jamais desistir.

Retornei ao trabalho com a mesma dedicação e empenho de sempre e, em dois ou três dias, a rotina já havia ofuscado minhas peripécias por Santa Catarina.

Porém, no fundo, ainda mantinha a esperança de uma boa notícia.

Um milagre esperado

Não levou uma semana para meu telefone tocar com uma ligação externa, o que não era muito comum. Tive um sobressalto. Ligava-me ninguém menos que o gerente de processamento de dados (era esse o termo usado naquela época) da maior empresa de Blumenau.

Ele estava com meu curriculum em mãos, havia recebido boas recomendações minhas e tinha interesse em me contratar.

Entre surpreso, emocionado, feliz e meio sem voz, respondi que estava pronto para ir a Blumenau para fazer a entrevista. Bastava que ele definisse a data.

Jornada de Superação

A resposta aumentou ainda mais meu quase estado de choque. Ele me disse que não precisava fazer entrevista e fez a proposta financeira naquele exato momento, dando alguns detalhes sobre os benefícios adicionais, que não eram poucos.

Também me disse que eu não precisava dar a resposta de imediato, que ele se colocava à minha disposição para maiores esclarecimentos sobre a empresa e que aguardaria meu retorno.

Eu agradeci e prometi retornar o mais breve possível. Desliguei o telefone, coração acelerado, corri para beber água. Não acreditava no que havia acontecido!

Naquele resto de dia, não consegui pensar em mais nada.

Para completar o cenário, no dia seguinte recebi a ligação de outro gerente, também de Blumenau, que me fez uma proposta financeira ainda melhor. Minha cabeça pirou.

Na noite anterior, tive uma conversa longa com minha mãe a respeito da proposta que recebi. Ela estava a par dos meus planos, mas até então imaginava tudo meio distante, quase que irrealizável.

Mas quando ela soube da proposta, senti um misto de apreensão e dor em seu semblante. Agora ela sabia que eu, irremediavelmente, iria embora.

Com a voz firme, me falou que se fosse para eu ter um futuro melhor, ela apoiaria meu plano.

Àquela altura, eu já estava decidido a ligar e aceitar a proposta. Mas agora, com uma segunda oferta, fiquei embaralhado. Qual delas aceitar? Não conhecia as

Jornada de Superação

empresas, portanto não tinha parâmetro para decidir. Ademais, a oferta de um salário melhor por parte de uma delas poderia ser uma armadilha.

Daí me ocorreu a ideia de ligar para o Laorgue. Ele morava em Blumenau, portanto deveria conhecer essas empresas e, certamente, saberia me indicar a melhor.

Foi o que fiz. E funcionou!

Ele me passou as informações que eu necessitava para tomar a decisão, optando pela primeira que me ligou. Liguei, acertei os detalhes e fechamos negócio por telefone.

Agora faltava ligar para o outro gerente, recusando a sua proposta.

Nesse interim acabou me ocorrendo outra ideia.

O Vitório, naquela ocasião, se encontrava um pouco desmotivado na empresa. Sem perspectivas de crescimento profissional. E na cidade e região não havia mercado de trabalho para profissionais dessa área.

Resolvi, então, contar a ele o ocorrido e, se ele demonstrasse interesse, eu o indicaria para a outra empresa.

O resultado foi que, no dia seguinte, ele viajou a Blumenau para fazer uma entrevista na empresa. Retornou com a negociação fechada.

Finalmente, no início de maio de 1980, nos transferíamos para Blumenau. Eu e Vitório com sua família (esposa e mais seu filho de 3 anos). Iniciávamos ali uma longa jornada, agora mais próximos ainda, consolidando uma grande amizade. No momento que escrevo essas linhas, somamos 40 anos de convivência em Blumenau.

Como despedida, o Flori (da sapataria) nos ofereceu um churrasco, no qual estavam presentes Os Caras, todos muito orgulhosos do feito que estávamos protagonizando.

Nunca fui parte efetiva do grupo porque, no início, era apenas um menino e, na despedida, ainda era um garoto.

Mas sempre fui uma espécie de mascote do grupo, o qual seguiu unido por algumas décadas.

A grande partida

Na hora da partida, numa fria manhã do mês de maio, em que o sol ainda era apenas uma esperança em forma de clarão no horizonte, estávamos sós, eu e minha mãe, no portão da garagem.

Chegado o momento de alçar meu voo mais ousado, nunca me senti tão próximo dela. E nunca havia sentido tanto medo de ter tomado a decisão errada.

No abraço final, ela, percebendo o aperto no meu coração, conseguiu dizer:

- *Agora você deve ir, assumiu compromissos com pessoas sérias lá. Eles estão te esperando. Mas não esqueça que sua casa será sempre aqui.*

Ao sair da Cotridata, onde trabalhei por três anos, não pude deixar de sentir um forte aperto no coração. Ali tive a oportunidade de transformar a minha vida e meu destino.

Jornada de Superação

Ali conheci pessoas extraordinárias e extremamente talentosas. Recebi ajuda e orientação de muitos.

Aprendi com eles, e, observando-os, aos poucos aprendi a tornar-me um deles. A todos, sou eternamente grato.

Agora, os desafios eram outros. Com 19 anos, eu estaria em uma cidade distante, teria que me virar e morar só, trabalhar em uma empresa onde só havia desconhecidos, e provar minha capacidade a todos.

Mas era, também, a realização de um sonho. Mais do que nunca, eu seria senhor de minhas decisões, de meus acertos, de meus erros e, acima de tudo, de meu destino.

A roca da minha vida girava forte outra vez...

Jornada de Superação

Protagonismo total – A Grande Empresa

"Talvez o hábito de realizar sonhos seja nossa grande missão, o verdadeiro propósito que tanto almejamos encontrar."

Felipe José Dias

Em Blumenau

Naquele já longínquo maio de 1980, eu chegava a Blumenau para assumir de forma definitiva o protagonismo de minha vida.

De certa forma, na minha percepção, eu já o havia assumido, na época, quando saí de casa com a certidão de nascimento embaixo do braço para candidatar-me a uma vaga de vendedor de sorvetes.

Desde então, havia se passado 6 anos, e os resultados dessa pequena jornada, vistos com os olhos de hoje, podem ser considerados extraordinários. Mas, na época, eu não percebia assim. Para mim, havia sido o resultado óbvio de meu empenho, associado à ajuda das boas pessoas que encontrei pelo caminho.

Jornada de Superação

Mas em Blumenau o desafio era outro. Eu estava praticamente só, em uma terra estranha (600 km de casa), em uma cultura diferente, em uma nova empresa onde não conhecia absolutamente ninguém, iria trabalhar com um computador diferente que me demandaria aprender novas ferramentas, e provar minha capacidade, absolutamente do zero.

Esse parecia ser, para mim, um desafio de verdade!

E foi.

A cidade me impressionou pela beleza desde o primeiro dia que a vi. Lembro que, naquela ocasião, procurei não me empolgar demais, por medo de não conseguir nada ali e tudo acabar em uma grande frustração.

Agora era diferente. Eu estava ali para ficar. Era uma cidade organizada, limpa, arborizada e extraordinariamente segura. Ao conhecê-la melhor, fui gostando ainda mais.

Fascinava-me, especialmente, a educação e o sotaque germânico das pessoas. Fui muito bem recebido pelos Blumenauenses. Hoje me considero um deles.

A empresa, uma grande indústria têxtil (que daqui em diante chamarei de *Grande Empresa*), havia, há alguns anos, implantado seu próprio centro de processamento de dados. A equipe era grande. Calculo que deveria haver em torno de 60 profissionais, entre eles: analistas, técnicos de sistemas, operadores, controladores de dados e analistas de O&M (organização e métodos). Se somasse o setor de digitação, deveria passar de 100 profissionais.

Somente aos poucos fui percebendo o que era, de fato, aquela empresa. Naquele ano, ela completava 100 anos de

Jornada de Superação

história. Fundada por imigrantes alemães, a história da empresa se confunde com a da própria cidade.

O simples fato de você trabalhar nessa empresa lhe conferia um status diferenciado na cidade. Era chamada de "Companhia", uma espécie de título de empresa-mãe das demais empresas da cidade.

E se encontrava em franca expansão.

O local de trabalho era maravilhoso. Um prédio de andar único em puro concreto aparente, encravado entre árvores centenárias, coberto por um jardim suspenso e cercado por um jardim com fonte; projetado por ninguém menos que Burle Marx, o grande gênio paisagista.

Posso afirmar com certeza que nunca trabalhei em um local melhor que aquele.

O computador era um Burroughs (modelo 3500) e tinha várias características bem diferentes do IBM 370 em que eu havia trabalhado até então. Era uma máquina bem mais rápida, porém menos estável que o IBM. Era muito comum o sistema operacional simplesmente parar, o que causava imensos transtornos, tais como, perda de integridade de dados, perda de tempo e reprocessos.

A impressionante capacidade de multiprocessamento era o seu forte. Naquela época, já trabalhávamos com terminais para elaborar os programas e disparar as compilações, o que era um grande avanço em relação ao IBM, onde ainda se utilizava massivamente os carões perfurados.

Já, na parte de gerenciamento de arquivos havia outro avanço. O Burroughs contemplava o conceito de alocação

Jornada de Superação

dinâmica de espaço em disco, e o IBM ainda não. Pelo menos na versão que tínhamos na empresa, em Ijuí.

Porém, o IBM ainda era mais poderoso por utilizar arquivos sequenciais-indexados de forma nativa (embutido no compilador), uma espécie de precursor do banco de dados relacional, que era muito seguro e facilitava muito a vida do programador.

No Burroughs, para obter esse benefício, era necessário usar um add-on (programa auxiliar) que era bem problemático.

Enfim, levei uns dois meses para assimilar essas diferenças e começar a apresentar resultados. Nesse período pude contar com a compreensão e ajuda dos colegas e da chefia que, diga-se de passagem, foram sensacionais.

O cargo dos programadores era "Técnico de Sistemas". Já se via ali uma tendência que, no futuro, iria se consolidar nas áreas de Tecnologia da Informação: a junção das funções de programador e analista de sistemas em um só cargo.

Para nós, essa denominação significava um charme a mais para uma profissão que, naquela época, era extremamente glamurosa e rentável.

Recebi de meu supervisor, como primeira missão, a responsabilidade de dar manutenção a um combalido sistema de Controle Patrimonial. Era o patinho feio da hora. Sistema antigo, mal programado. Verdadeira colcha de retalhos que já havia passado pelas mãos de muitos novatos.

Mais tarde percebi que esse sistema era repassado de mão-em-mão há alguns anos. Eu era o novato da vez!

Jornada de Superação

Estava na lista de pendências da TI (tecnologia da informação) fazer um sistema novo. Mas parece que o pessoal se esquivava de aceitar o desafio porque era um sistema que não dava "status" profissional e os processos de cálculo de Depreciação e Correção Monetária eram complexos, e ninguém dominava muito bem.

Um verdadeiro abacaxi.

Um pedido oportuno

Antes de completar três meses na empresa, o gerente chamou-me para uma conversa. Queria saber se havia ex-colegas meus em Ijuí com interesse em vir para Blumenau. Ele estava abrindo vagas para analistas e técnicos de sistemas. Havia uma grande lista de projetos a serem desenvolvidos e seria impossível dar conta de tudo com a equipe atual.

Eu, me sentindo muito prestigiado pela confiança que ele me depositou ao fazer tal pedido, informei que no momento eu não poderia ajudar, por ter assumido compromisso com o gerente de lá a não favorecer a saída de ninguém por um bom tempo. Foi uma espécie de contrapartida solicitada por ele ao me conceder o acordo rescisório.

Mas eu poderia ajudar de outra forma. E indiquei o Vitório (lembram-se d'*O Cara?*), que não estava muito satisfeito com seu emprego (a empresa dele não estava indo bem financeiramente).

O resultado é que, em aproximadamente 30 dias, eu estaria elaborando os programas do novo sistema de Controle Patrimonial (foi minha primeira grande missão na nova empresa), tendo como analista o Vitório, que era expert nesse tipo de sistema e dominava com maestria os famigerados cálculos.

Assim, em poucos meses que havíamos deixado Ijuí, estávamos trabalhando lado a lado, na mesma empresa e mesma equipe!

E acabamos descascando o abacaxi!

Consolidando uma grande amizade

Para mim, naqueles primeiros tempos de Blumenau, a presença do Vitório com sua família era uma espécie de amparo. Nossa amizade se consolidou. A Eva, sua esposa, tornou-se uma espécie de tia-irmã e eu virei tio das crianças. Morei com eles por vários meses naquele ano de 1980, até alugar um apartamento em conjunto com um colega.

Essa amizade foi se consolidando ainda mais, perdurando até os dias atuais. Em 1997, eles batizaram minha filha e nos tornamos "compadres". Estando em Blumenau, é rara a semana que não passo em sua casa para uma roda de chimarrão e um papo descontraído.

Saudades de casa

Somente conseguiremos ter uma noção clara da profundidade de nossos vínculos com nossa família no momento que nos afastarmos fisicamente e de forma "definitiva".

Jornada de Superação

Quando estabeleci o desafio de sair de Ijuí, jamais imaginei que sentiria tanta saudade de casa. Naqueles primeiros anos, minhas viagens eram constantes. Sempre que havia um feriado, arranjava um jeito de ir "para casa". Visitas que minha mãe aguardava com muita ansiedade e apreensão devido aos riscos da estrada.

Com o passar do tempo e a maturidade chegando, as visitas diminuíram gradualmente. Fui me acostumando a viver distante da família.

Frustração universitária

No início dos anos 1980, a universidade (ainda não tinha esse status) da cidade estava formando suas primeiras turmas do curso de tecnólogo em processamento de dados. Alguns colegas da empresa estavam concluindo esse curso. Meu objetivo era iniciá-lo.

Fiz um cursinho pré-vestibular e, no final do ano, prestei o vestibular, que era bem concorrido.

No meu caso, o curso foi decepcionante, não atingindo nem um pouco as expectativas. Minha experiência prática era muito superior aos conteúdos ministrados, o que tornava as aulas longas e enfadonhas.

O computador da universidade era uma máquina obsoleta, o que minava ainda mais minha disposição. Não havia desafio ali.

Mesmo assim, tentei levar o curso adiante, mas acabei desistindo antes de chegar à reta final. Não havia mais sentido seguir aquele curso que pouco agregava ao meu conhecimento.

Então, o sonho de tornar-me analista de sistemas seguiria o caminho da formação prática, como foi o de tornar-me programador. O que não tardaria muito a acontecer. Na verdade, o trabalho desenvolvido na empresa nos permitia, em vários momentos, exercer esse papel.

Um tropeço no ego

Corria o ano de 1982. Eu já havia superado as dificuldades iniciais naturais de adaptação técnica à empresa, à cidade e à saudade de casa. Sem perceber, pela primeira vez em minha vida, entrei em uma zona de conforto.

Naquele momento, não tinha planos para o futuro, um sonho ou um desafio a ser superado.

Minha autoestima, fruto da superação de todos os desafios que me impus ao longo de meus, até ali, nove anos de carreira, estava nas alturas.

Devido a tudo isso, acabei, inconscientemente, caindo na armadilha do ego, da vaidade e do orgulho. Tornei-me uma pessoa volúvel, hedonista e arrogante. Em outras palavras, um garoto bobo e imaturo.

Analisando hoje, com a experiência que tenho, esse período de dois anos, que durou até um casamento (às pressas, mas não só por isso, condenado ao fracasso). O ano de 1983 foi o período mais obscuro dessa minha jornada. Ali estive em risco de perder o elo de minha *Jornada de Superação*.

Jornada de Superação

É muito provável que esse casamento sem futuro tenha me salvado da armadilha em que me encontrava. A iminência do casamento me levou a refletir sobre o estágio de minha carreira e estabelecer novos planos para o futuro. Essas reflexões provocaram mudanças de atitude já meses antes do casamento conforme relato adiante.

Mas, a superação da questão do ego seria uma longa jornada, que passaria por várias fases, resultando ainda hoje em uma constante vigilância.

A compra da primeira casa

No início de 1984, aproveitei um projeto que foi oferecido a funcionários da empresa, adquirindo uma pequena casa estilo geminada, que seria 100% financiada pela Caixa Econômica Federal. O valor da parcela, financiado em 15 anos, aproximava-se do valor do aluguel que eu já pagava. Como não haveria valor de entrada, a minha decisão foi muito rápida.

Na época, estava tendo um namoro firme, mas não foi isso que influenciou a decisão. Para mim, a aquisição de uma casa era um processo natural que acabaria acontecendo quando ocorresse uma oportunidade.

Mal sabia eu que, ainda naquele ano, por motivo de força maior, o casamento teria que ser apressado. O que acabou coincidindo com a entrega da casa pela construtora. Como se tudo houvera sido cuidadosamente planejado.

Arquitetando um novo sonho

Em 1985, eu já era um profissional maduro. Programador experiente, desenvolvia soluções para os usuários, atuava no papel de analista de sistemas. Tinha sob minha responsabilidade nada menos que o sistema comercial da empresa. Faltava apenas o status do almejado cargo de supervisor de equipe, que me colocaria em outro patamar profissional.

Todavia esses cargos eram poucos e normalmente exercidos pela primeira geração de profissionais. Esse pessoal havia entrado na empresa na época da criação do CPD (Centro de Processamento de Dados) e estavam longe de se aposentarem. Assim, as oportunidades quase não aconteciam.

Em um determinado momento, abriu uma vaga, em função do deslocamento de um desses coordenadores para uma área de negócios da empresa. Pensei, agora vai. Mas para minha decepção, foi contratado um profissional de fora.

Para quem tinha o hábito do desafio, aquilo foi uma decepção. E naturalmente comecei a planejar uma alternativa de carreira fora da *Grande Empresa*.

Era hora de tentar buscar uma supervisão ou uma gerência, se possível. O tempo estava passando, e essa passividade não era característica de meu perfil.

Com isso, senti aquela velha vibração e energia retornarem. Eu estava voltando ao jogo, reassumindo o comando, marca registrada de minha carreira.

Jornada de Superação

O primeiro passo seria voltar a estudar, mas fazendo um curso que realmente me desafiasse.

Um curso raiz

Dos cursos disponíveis na universidade, selecionei dois para a avaliação. Eram cursos que, no meu momento de carreira e considerando minhas aspirações futuras, poderiam contribuir para a ampliação do meu perfil profissional.

Eram eles: Administração e Ciências Econômicas.

Avaliando os conteúdos, percebi que o curso de Administração tinha mais aderência às demandas imediatas do meu perfil como Analista de Sistemas.

Mas o curso realmente desafiador era o de Ciências Econômicas. Eu tinha grande desejo de conhecer com mais profundidade os princípios e fundamentos da economia global e nacional, os fluxos de capitais e a história do pensamento econômico. E, de resto, as disciplinas básicas de administração também eram contempladas nesse curso, que tinha cinco anos de duração contra quatro do de administração.

A coisa "pegava" mesmo a partir do terceiro ano, quando entravam as disciplinas específicas.

Foi esse que escolhi. E não poderia ter feito melhor escolha, pois até hoje colho frutos da formação em Ciências Econômicas. Ela, formalmente, não me deu uma profissão. Mas me permitiu formar uma base de conhecimentos e conceitos que permearia minha carreira e minha vida dali em diante.

Em 1990, eu obtinha o Grau de Bacharel em Ciências Econômicas, com a distinção de melhor aluno. Mais uma vez uma conquista, fruto de minhas escolhas, seria base para novos patamares em minha Jornada de Superação.

É importante registrar que, ao concluir o curso de Ciências Econômicas, eu atingia a marca de 13 anos de estudos noturnos, concomitantes com trabalho diurno.

Entretanto muitos acontecimentos sucederiam até que o ano de 1990 chegasse. Nós ainda estamos em 1985. E eu iria enfrentar o maior desafio nessa empresa, ainda nesse ano.

Um trabalho de Hércules

Em 1985 o país se encontrava sob os efeitos da inflação galopante, que culminaria em meados se 1986, com o Plano Cruzado. Os sistemas de informática das empresas acabavam sofrendo impacto dessa escalada inflacionária. Os aumentos constantes de preços influenciavam no dimensionamento dos campos de dados dos arquivos do computador.

Como na época ainda não existia bancos de dados, e o custo de armazenamento de informações era altíssimo, os analistas procuravam, ao definir os sistemas, alocar tamanhos modestos aos campos de dados. Não mais que o necessário para não gastar espaço de armazenamento.

Jornada de Superação

Na *Grande Empresa* o sistema que mais sofria esse impacto era o comercial, cuja manutenção estava sob minha responsabilidade.

Esse sistema estava, na época, sofrendo consertos e remendos diários em função desses problemas. Cada dia um programa ou mais "davam pau". E isso gerava transtornos terríveis com atrasos e reprocessos constantes.

Então me ocorreu uma ideia para resolver de uma vez por todas esse problema. Fazer uma revisão total de todos os programas e arquivos do sistema, ampliando os campos de valores e padronizando seus tamanhos.

A ideia foi aceita pela chefia e gerência, a qual solicitou um levantamento completo de impacto, e um projeto para a conversão e implantação das alterações.

O resultado do levantamento deixou-me assustado. Havia em torno de 250 programas a serem alterados e aproximadamente 80 arquivos a serem convertidos. Estimei um prazo de dois meses para elaborar as alterações nos programas e escrever os programas de conversão de arquivos. Mais uma semana para testes integrados. A implantação deveria ser efetuada num fim de semana, para dar um folego para correção de eventuais problemas.

O plano foi aprovado e assim foi feito. Ocorreram alguns problemas por ocasião da implantação, mas, ao cabo de alguns dias, todo o sistema estava convertido e funcionando normalmente.

Estava superado o maior desafio a que me propus. O interessante é que fazíamos essas proezas e pouco se comentava a respeito. Achávamos normal tudo aquilo. Era parte da rotina!

Jornada de Superação

Mas o ano seguinte não encerraria sem uma grande mudança. Eu necessitava de desafios ainda maiores e eles me aguardavam em outro lugar.

Movendo as peças do tabuleiro outra vez

Meu descontentamento com a situação foi compartilhado com alguns colegas mais chegados. Dentre eles, claro, o Vitório. E foi ele que me sugeriu entrar em contato com um ex-colega de Ijuí, um analista experiente, que estava atuando como gerente numa fábrica de cristais, em Blumenau.

Rapidamente obtive o telefone, liguei e agendei uma visita para um bate papo. Ele manifestou interesse em minha contratação, mas sabia das limitações que sua empresa tinha em termos salariais e não ousaria me fazer uma proposta indecorosa.

Por fim, indicou-me um empresário da cidade, que estaria desenvolvendo um plano de informatização de empresas para um grande grupo empresarial da cidade, e buscava profissionais que o ajudassem na empreitada.

Meus olhos brilharam!

A partir daqui, passarei a chamar esse plano de *Plano Alpha*. Usarei essa nomenclatura de forma a tornar a narrativa mais fluída e preservar o nome das empresas e pessoas envolvidas.

Saí da reunião com um nome e um telefone que seriam de maior relevância para minha carreira futura. Naturalmente que, no momento, aquele contato era apenas uma esperança.

Marquei entrevista com o empresário no dia seguinte. Com ótimos resultados; ele solicitou-me que aguardasse um tempo, pois estava em negociação para a contratação de um gerente geral para o Plano Alpha e, feito isso, entraria em contato.

Levou três intermináveis semanas.

Quando recebi a ligação, já era o novo gerente na linha (meu futuro amigo César). Marcamos a entrevista, na qual me foi feita uma boa proposta, uma base acima da que eu estava e, acima de tudo, a oportunidade de contratar analistas e programadores, elaborar projetos de informatização, enfim, um novo patamar profissional.

Era exatamente a oportunidade que eu procurava.

Em questão de duas semanas já estaria atuando na nova empresa.

Deixando a Grande Empresa

Deixar a *Grande Empresa*, do ponto de vista prático, não foi difícil. Do ponto de vista emocional, foi muito difícil.

Naquela época, ninguém deixava essa empresa por vontade própria. E isso, na hora, pesou em meu coração.

Essa empresa havia viabilizado um grande salto profissional e autoafirmação na minha carreira. Também havia permitido que eu rompesse as amarras da minha terra natal, ampliando minha autoconfiança. Além disso, me permitiu firmar o pé em uma nova terra, a terra onde eu iria construir meu futuro.

Conheci pessoas extraordinárias. Profissionais extremamente talentosos. Fiz amigos para toda uma vida.

Aos chefes que tive, meus sentimentos de eterna gratidão e amizade; espero ter correspondido à confiança que sempre me depositaram.

Fiquei seis anos nessa empresa. Um pedaço de meu coração ainda permanece por lá...

Agora, aos 25 anos, meu voo seria ainda mais desafiador, seria longe da proteção da Grande Empresa. Mal sabia que estava embarcando numa *"canoa furada"*.

Jornada de Superação

Um aparente fracasso – Plano Alpha

"No curto prazo, os resultados de nossas ações, quer sejam positivos ou negativos, podem ser ilusórios."

Felipe José Dias

Assumindo um novo desafio

Assim, em maio de 1986, eu assumia um novo desafio. O cargo era de analista de sistemas, mas as funções seriam bem diferentes. Assumimos a missão de informatizar as empresas desse grande grupo empresarial familiar, cuja empresa-mãe era outra gigante do setor têxtil.

A fase inicial do *Plano Alpha* seria informatizar a empresa trading do grupo, que intermediava as exportações para diversos países. Ali deveríamos partir do zero; desde a aquisição do computador, até a implantação dos sistemas administrativos e de negócio.

É importante registrar que, naquela época, ainda não existiam os chamados softwares de prateleira, tão comuns hoje. Havia de se desenvolver softwares próprios e, para isso, necessitaríamos de uma equipe.

103

Jornada de Superação

Fiquei alocado em uma empresa prestadora de serviços, a qual estava estabelecida no centro da cidade; criada para prestar serviços às demais empresas do grupo e que, naquele momento, daria suporte ao *Plano Alpha*.

Então, iniciamos a seleção e contratação de analistas e programadores para executar os projetos. Essa atividade me colocava numa posição de liderança informal com a equipe; o que era ótimo para mim.

Eu também fiquei responsável pelo desenvolvimento dos sistemas de negócio da trading, a primeira empresa a ser informatizada.

Meu objetivo era, assim que possível, delegar essa função para um analista e assumir projetos em outras empresas do grupo. Ou seja, com o tempo, conquistar uma posição de gerência técnica, coordenando os analistas de vários projetos em várias empresas, objetivo maior do *Plano Alpha*.

Uma prematura decepção

Essa era a ideia original, o que havíamos planejado, o empresário, meu gerente e eu!

Na prática, não foi o que ocorreu. Antes de completar um ano do início dos trabalhos, o empresário afastou-se da empresa para tocar um projeto pessoal, uma empresa que havia adquirido e, no momento, elaborava um plano de negócios. Ou seja, ficamos meu gerente e a equipe sem o mentor original do *Plano Alpha*.

Jornada de Superação

Para piorar um pouco, acabamos sendo incorporados pela empresa-mãe, que estava passando por um período tumultuando de conflito societário. Essa situação ficou bastante desconfortável para toda a equipe. Os novos projetos foram suspensos. Para completar o cenário, o gerente acabou se desmotivando e saiu da empresa.

O *Plano Alpha* começava a "fazer água".

Por um período de seis meses, mudamos duas vezes de sede. Na verdade, aparentemente, não sabiam o que fazer conosco.

Minhas funções ficaram vinculadas à área de informática da empresa-mãe e acabei sendo subordinado ao supervisor da área comercial de sistemas dessa empresa.

Uma situação completamente diferente da esperada. E extremamente desmotivante. O que fazer?

Minha situação pessoal, à época, havia mudado um pouco. Eu havia assumido compromissos com prestação da casa e a mensalidade da faculdade particular que eu cursava. Não podia simplesmente sair sem outro trabalho já acertado.

Fazia apenas um ano e meio que eu havia investido nesse novo trabalho e já buscava outro emprego. Apareceram oportunidades, porém fora de Blumenau.

Uma na grande Curitiba, através do convite de meu ex-gerente (meu amigo César) que havia se demitido há quase um ano. Ele assumiu a gerência de uma grande empresa e estava ampliando a equipe.

A outra, de um ex-colega que havia trabalhado comigo na empresa anterior (meu amigo Schneider). Ele havia retornado à sua terra natal (Campinas) e trabalhava numa grande empresa de lá. Também lá havia uma oportunidade para analista de sistemas.

Acabei não aceitando nenhuma das duas.

Projeto frustrado

O tempo estava passando, aproximava-se o final de 1989 e eu me encontrava desmotivado, em um lugar que não havia escolhido para trabalhar e completamente estagnado na carreira.

Então, no final de 1989, fui demitido.

Foi minha primeira demissão (talvez esperada, mas involuntária) desde o desastroso episódio do carrinho de sorvete, no remoto ano de 1973!

Nas situações anteriores, a decisão de sair das três empresas pelas quais passei havia sido minha. Eu estava no comando.

Agora era diferente. Mesmo estando completamente desmotivado e, de certa forma, contando com um possível desfecho desse tipo, a sensação de ser demitido é muito desagradável. Levei um bom tempo para recuperar-me do baque.

E ficam marcas. Lições a serem aprendidas. Certamente, muitas das circunstâncias que levaram àquela situação não foram provocadas por mim, mas minha atitude não foi das mais proativas para conduzir a um melhor desfecho.

Jornada de Superação

Todavia, olhando agora para o passado, e percebendo a sincronia dos fatos que sucederam, entendo o quanto essa demissão foi oportuna para a sequência de minha carreira.

Hoje estou convencido que ficar naquela empresa teria sido a pior opção.

Também é importante lembrar que tive uma experiência importantíssima na função que exerci, principalmente no primeiro ano.

Tive a oportunidade de entrevistar e recrutar vários profissionais. Vivenciei a experiência de implantar um setor de informática e toda a complexidade que envolve um projeto desse tipo,

Além disso, conheci os minicomputadores (Cobra) e as primeiras versões do *Personal Computer* (PC), que revolucionariam os conceitos da Tecnologia da Informação em todo o mundo.

Estes conhecimentos seriam de grande valia para os próximos passos que daria na carreira.

Meu desligamento acabou sendo efetivado apenas em janeiro de 1989.

Ano novo, vida nova

Em fevereiro, iniciei a procura por uma nova oportunidade, pela primeira vez numa situação desconfortável de não estar empregado.

Consegui duas entrevistas em empresas de Blumenau, porém não obtive resposta positiva.

Jornada de Superação

E, então, recebi a sugestão de meu amigo Rogério, um grande colega de trabalho e companheiro desde os primeiros anos em Blumenau.

Ele havia saído da *Grande Empresa* e estava trabalhando como analista de sistemas em Joinville, numa grande fábrica de motores. Segundo suas informações, essa empresa estava buscando mais profissionais experientes no mercado e propôs indicar-me para uma vaga.

Topei a ideia, ele conseguiu uma entrevista e a coisa deu certo!

Em abril de 1989, com 28 anos, eu assumia a função de analista de sistemas em uma grande indústria de Joinville, onde meu amadurecimento profissional daria um salto gigantesco.

Mas o que eu não sabia, era que se aproximava a maior tempestade da minha vida.

A calma antes da tempestade Joinville

"Deus distribui escadas por nosso caminho, no formato de pedras."

Felipe José Dias

Na terra dos príncipes e das flores

Em abril de 1989, iniciei nessa nova empresa, no cargo de analistas de sistemas.

Era uma empresa moderna e muito bem estruturada. Tinha um amplo plano de benefícios e remunerava muito bem seus colaboradores. Ficaria ali por pouco tempo, mas o período seria muito bem aproveitado no que se refere a desenvolvimento de carreira.

Joinville, conhecida como a *cidade dos príncipes e das flores* é, junto com Blumenau, uma das cidades mais bonitas de Santa Catarina. Possui uma economia diversificada. Localiza-se na região nordeste do estado a, aproximadamente, 100 km de Blumenau.

Meu amigo, Rogério, não havia fixado residência em Joinville. Solteiro que era à época, ficava durante a semana na casa de um irmão que lá morava e, na sexta feira, voltava para a casa de sua mãe em Blumenau.

Propus a ele que alugássemos um apartamento em Joinville para ficarmos durante a semana e eu adotaria, também, o critério vai-e-vem até que optássemos por uma solução definitiva.

E assim fizemos.

Foi um período em que compartilhávamos de um companheirismo diário e intenso.

O embrião de um salto

A área de informática era bem estruturada, o que me proporcionou aprender muito sobre gerenciamento. Por essa época, apesar de exercer uma função essencialmente técnica, minha cabeça já se encontrava voltada para tudo o que envolvesse gestão e liderança.

Fui alocado a uma equipe responsável pela manutenção dos sistemas administrativos, com os quais eu ainda não havia me envolvido. Isso me permitiu conhecer novos processos de negócio.

A empresa proporcionava intenso treinamento a seus colaboradores. Lembro que nessa época fiz meus primeiros cursos de Liderança, Gestão de Projetos, Trabalho em Equipe, Técnicas de Comunicação e Oratória.

Minha mente, influenciada por tudo isso e, também, pelo curso de Ciências Econômicas, que chegava a sua etapa final (me formaria no final de 1989), havia expandido. E crescia o desejo por uma função em área gerencial.

Do ponto de vista pessoal, a minha vida não ia muito bem. O casamento fraquejava, influenciado pela imaturidade e, também, por visões de mundo distintas, dando sinais de extenuação.

Projeto abortado

Obtive um rápido entrosamento com a equipe, facilitado por uma gerência visionária e facilitadora. O ambiente de trabalho era extremamente amigável e colaborativo.

Todavia a empresa passava por um período de transição em seus altos escalões, o que iria, num período próximo, implicar em grandes alterações na área de Tecnologia de Informação.

Isso iria ocorrer porque o mesmo grupo empresarial possuía duas grandes empresas na cidade e ambas mantiam estruturas de Tecnologia da Informação. O caminho natural seria a junção dessas estruturas, com uma consequente economia financeira significativa.

Foi o que ocorreu no final de 1990. Iniciando com a demissão de nosso gerente, num prazo de duas semanas, seriam demitidos vários coordenadores, analistas e programadores, culminando com a minha própria.

Aquilo gerou uma grande frustração, pois eu apostava nessa empresa, dentro daquela perspectiva de, em longo prazo, transferir-me para alguma área de negócio. Um verdadeiro balde de água fria.

Jornada de Superação

Hoje avalio toda a situação ocorrida naquela época e me pergunto:

- O que eu poderia ter feito para evitar aquela demissão? Não encontro resposta convincente.

Com exceção de algumas manifestações políticas inoportunas, por ocasião das eleições de 1989 que, com a maturidade de hoje, certamente não faria. Teria aquilo influenciado a alta direção da empresa a exercer uma escolha do tipo eliminatória? Talvez.

Mas, o fato é que com 30 anos eu acabara de sofrer a segunda demissão seguida.

No olho de um furacão

*"Quando achares que tudo está perdido, simplesmente aja.
Utilize a primeira ideia que vier à sua mente, mas aja com fé.
E Ele fará o resto."*

Felipe José Dias

A tempestade perfeita

Minha demissão acabou agravando a situação em casa, que, conforme citado anteriormente, já não andava nada boa. Falhas cumulativas de ambas as partes haviam conduzido a relação a um rompimento irreversível.

Na parte financeira, algumas economias que haviam sido poupadas com vistas a fazer face à eventualidades futuras haviam sido confiscadas pelo Plano Collor.

Assim, no final de 1990, eu me encontrava sem emprego, separado, sem lugar definitivo para morar e com apenas algumas reservas financeiras para suportar alguns meses até encontrar um emprego.

Era a tempestade perfeita.

A partir dessa situação, eu seria realmente testado. A palavra resiliência ainda não havia sido descoberta pela indústria da autoajuda, mas eu teria que demonstrar muita para superar aquele cenário absolutamente desfavorável.

E teria a oportunidade de provar, acima de tudo a mim mesmo, que aquela jornada a que me submeti até ali teria valido a pena.

Organizando o pensamento

Nos primeiros dias do mês de dezembro de 1990, minha mente girava na tentativa de reagir à avalanche de fatos negativos que me oprimiam e ofuscavam o pensamento. Quais foram as falhas cometidas? Quais minhas chances de dar a volta por cima? Recomeçar por onde?

Mas os sentimentos envolvidos me paralisavam. Tristeza, medo do que o futuro me reservava, de não conseguir reagir a tudo isso. Medo de não ser capaz de superar as dificuldades. Nesse período, de nada valiam as conquistas que havia logrado até ali. No meu pensamento, eu estava na estaca zero.

Então tomei a primeira decisão. Concluí que o mês de dezembro não era o mais apropriado para iniciar qualquer projeto de reconstrução de minha vida e decidi passar o resto dos dias que faltavam para o fim do ano em Ijuí.

Essa decisão veio a se comprovar muito eficaz. A proximidade de minha mãe e meus irmãos e o compartilhamento do seu dia-a-dia afastaram-me dos pensamentos e emoções negativas, o que tranquilizou meu pensamento.

Jornada de Superação

Passei o natal e o réveillon na companhia de meus familiares. Ali tive, também, a oportunidade de reencontrar-me com meu passado e perceber com clareza a magnitude dos feitos que eu havia protagonizado.

Ao retornar a Blumenau, no início de janeiro de 1991, já estava com a autoestima bem melhor e com algumas ideias em mente para pôr em ação, com vistas à retomada do protagonismo em minha vida.

Minha primeira atitude foi escrever uma carta de próprio punho para um empresário conhecido meu em Blumenau (sim, naquela época ainda se enviavam cartas!).

O empresário era o mesmo que havia iniciado o Plano Alpha (de 1986), para o qual eu fora contratado e que acabou não dando certo.

Mas a empresa que ele havia adquirido e que provocara seu afastamento e, consequentemente, a inviabilização do projeto, havia se consolidado e crescido consideravelmente desde então.

A partir daqui, para simplificar o relato, a chamarei de Empresa Beta.

Durante os últimos quatro anos, eu havia acompanhado a evolução dessa empresa com atenção. E agora imaginava:

- Talvez ele necessite de um profissional para sua área de Tecnologia da Informação, que, segundo meu conhecimento, já contava com uma grande equipe.

Na carta relatei, por alto, minhas experiências e aprendizado dos últimos anos, a situação em que me encontrava e me coloquei à disposição, caso ele necessitasse de alguém com meu perfil, ou soubesse de alguma empresa em que eu pudesse ser útil.

Ao selar aquela carta não imaginava que estava selando, junto, todo o meu destino.

E foi a única iniciativa que tomei naquele mês de janeiro, pois, em minha percepção, pouco havia a ser feito naqueles primeiros e tórridos dias do ano.

A cidade, como de costume nesse período, estava vazia. As empresas se encontravam em férias coletivas ou em regime de plantão. Assim, outras ações serviriam apenas para aumentar a frustração e reduzir minha, já reduzida, autoestima.

Naquele período, meu endereço ainda era Joinville, no apartamento que ainda mantinha alugado com meu amigo Rogério. Ele havia sobrevivido ao tsunami das demissões (brincávamos que ele escapara por estar em férias justamente naqueles dias, e acabou sendo "esquecido").

Já na última semana de janeiro, reencontrando alguns amigos, em Joinville, recebi de um deles um convite para passar alguns dias em Balneário Camboriú, na casa de seus parentes. Confirmada a viabilidade e me certificando de que não causaria transtornos, aceitei.

Acabamos ficando por lá até o carnaval, período que eu havia definido como data final das "férias".

Voltando ao Jogo

Jornada de Superação

No retorno a Joinville, após o carnaval, me aguardava um recado. O Diretor Operacional da Empresa Beta, a cujo proprietário eu enviei a carta em janeiro, aguardava meu contato. Uma das áreas vinculadas à sua diretoria era a de Tecnologia da Informação. Contato feito, entrevista marcada.

Chegando para a entrevista, a primeira coisa que vejo em cima da mesa era a minha carta! Minha ação havia sido cirúrgica. Ele, pessoa pragmática, foi direto ao assunto: Havia acabado de desligar seu gerente da área de Tecnologia da Informação, estava com essa vaga em aberto e queria saber se eu aceitava o desafio.

A negociação não foi difícil. Os benefícios seriam excelentes, à altura dos desafios que me foram explanados. Eu estava confiante e seguro de que daria conta, havia me preparado para isso e jamais deixaria passar essa oportunidade.

No início de abril de 1991, ainda com 30 anos, eu assumia o primeiro cargo de nível gerencial de minha carreira. Estava saindo do furacão e sabia que, dali em diante, mudaria completamente meu patamar profissional.

O que eu não sabia é dos interessantes desfechos que esse emprego traria, posteriormente, em minha carreira.

Eu havia voltado ao jogo, e em alto estilo!

Jornada de Superação

Finalmente, a gerência – Empresa Beta

"Para criar inimigos não é preciso declarar guerra... basta você dizer o que pensa."

Martin Luther King

Teoria x prática

Nos últimos anos, eu havia sonhado intensamente com essa oportunidade. Mais do que sonhado, havia me preparado para ela.

Estudei liderança, gerenciamento, técnicas de entrevistas e avaliação de desempenho. Realizei estudos sobre motivação, técnicas de comunicação e redação eficaz, técnicas motivacionais, como realizar reuniões, inteligência emocional e uma infinidade de outros temas.

Meus estudos eram baseados em livros e executados, naturalmente, em meu tempo livre. Como a maior parte foi feita durante a época da faculdade (que era, logicamente, noturna), eu os realizava nos fins de semana. Esse foi, basicamente, meu lazer durante os cinco anos de faculdade (1985 a 1989).

Jornada de Superação

A par desses estudos, eu considero que sempre fui um bom observador.

Ao longo de minha carreira, pude observar e identificar bons e maus gerentes, isso de acordo com meus valores e princípios.

A intenção era espelhar-me nos bons gerentes que conheci e, na medida do possível, não cometer os erros dos maus.

Então, minha linha de atuação seria tentar desenvolver uma liderança baseada no exemplo, no caráter, na preservação de uma reputação profissional, no compartilhamento de informações, no diálogo e na transparência.

Eu estava consciente da importância desse cargo. Ele coroava todo um esforço de crescimento. Era, de certa forma, o topo de minha carreira na área de Tecnologia da Informação. Indicava, também, que, dali em diante, para crescer, eu deveria buscar desafios na alta direção, e isso significava entender ainda mais das áreas de negócios das empresas.

Mas ainda havia uma boa jornada até almejar outro passo. Iniciei, portanto, essa nova fase de minha vida, cheio de boas intenções e bem abastecido de teorias. Elas iriam me valer muito.

Todavia, o choque de realidade seria bem mais forte. Naqueles quase quatro anos na função, eu mais iria aprender que ensinar. Cometeria alguns tropeços e vários acertos. E aprenderia com ambos.

O equipamento

O computador era um mainframe (equipamento de grande porte) Data General. Raridade; essa marca de computador era utilizada por apenas três empresas no Brasil.

Esse fato nos deixava, de certa forma, vulneráveis em relação a peças de reposição e eventuais suportes. A questão do suporte de hardware (equipamento) era resolvida em 90% por um técnico que atuava em tempo integral na empresa.

Casos mais graves eram resolvidos pelo representante que se localizava em São Paulo.

O suporte de software era provido pelo nosso próprio analista de suporte.

A equipe

A equipe era composta, na maioria, por jovens entre vinte e trinta anos. Alguns estudando o curso de Tecnólogo em Processamento de Dados da Furb (Universidade de Blumenau), outros já formados. Havia um analista de suporte, quatro analistas de sistemas mais experientes (que tinham status de supervisores) e quatro programadores.

Havia, ainda, os operadores e o supervisor de operação. A digitação de dados, que envolvia um grande contingente, era subordinada às áreas de negócios da empresa.

Jornada de Superação

De maneira geral, a equipe era composta por profissionais talentosos, que dominavam as regras do negócio das áreas que atuavam. Alguns eram automotivados e era perceptível que estavam em busca de crescimento profissional; outros nem tanto. Fato normal que eu havia presenciado durante toda minha carreira na área de TI (tecnologia da informação) pelas diversas empresas que passei.

Tendo sido parte dessas equipes, eu sabia muito bem a dificuldade que era gerenciar esse pessoal altamente técnico e acostumado com um mercado em constante crescimento. De certa forma, sempre nos achamos meio astros, dos quais as empresas dependiam totalmente.

Na prática, era mais ou menos isso mesmo. As empresas dependiam demais desses profissionais.

Um fato inusitado e uma atitude de força

Nos primeiros dias de trabalho, ocorreu um fato inusitado que foi um belo teste do tipo de desafio que eu teria pela frente, no exercício do novo cargo.

A empresa estava implantando um sistema de correio eletrônico interno. Naturalmente, naquele remoto ano de 1991, ainda não havia internet, muito menos o popular e-mail. Os monitores não eram gráficos e nem coloridos; as coisas ainda se resolviam na base do telefone e fax. Essa limitação comprometia o processo de comunicação.

Vendo ali uma oportunidade, a Data General desenvolveu um sistema de correio eletrônico que utilizava o mainframe (computador centralizado) como servidor. Estavam sendo, então, instalados os primeiros terminais remotos para os usuários de nível de supervisão e gerência da empresa. Era uma tremenda inovação para a época.

Acontece que, logo nos primeiros dias de uso, um operador disparou uma mensagem para todos os usuários contendo várias palavras obscenas. Uma vergonha geral. A mensagem foi dirigida a todos, incluindo a diretoria e o próprio Diretor-Presidente.

Minha reação foi efetuar a imediata demissão do funcionário. Também fiz uma visita individual a cada usuário explicando o ocorrido e evidenciando a decisão tomada.

Na manhã seguinte, para minha surpresa, recebi um grupo que, representando o restante da equipe, manifestava descontentamento com relação à minha decisão, argumentando que eu havia sido muito duro, e que deveria ter aplicado apenas uma advertência formal ou uma suspensão por alguns dias. Pediam, ainda, para que eu reconsiderasse a decisão sobre a demissão.

Eu ouvi com muita atenção todos os argumentos, mostrei-me sensibilizado com a situação, mas sem deixar de reforçar a gravidade do ocorrido, o impacto causado e os reflexos daquele ato individual que incorria sobre a reputação de toda a equipe.

Havia uma tensão no ar. Eles, certamente, estavam descontentes e, também, assustados com a firmeza de minha reação. E eu, surpreso com a reação da equipe e do posicionamento indulgente em relação a uma atitude, a meu ver, tão irresponsável.

Então, numa atitude conciliadora, prometi refletir sobre o assunto e, no dia seguinte, trataríamos sobre o tema.

Foi uma reação sensata de minha parte. Por um lado, não deixei de levar em consideração os argumentos, por outro, o tempo levaria os ânimos a se acalmarem.

De resto, eu estava realmente decidido a refletir sobre a decisão tomada e sobre que passos daria a seguir.

No dia seguinte, reuni a equipe e expliquei minha decisão. Eu havia refletido bastante sobre o ocorrido e seus reflexos. Informei que tinha ficado sensibilizado com os argumentos deles. Concordava que talvez tivesse sido muito duro com a demissão sumária, mas não voltaria atrás de minha decisão, uma vez que poderia significar um prejuízo moral para toda a equipe e, também, para mim.

Além disso, informei que, se algo semelhante ocorresse novamente no futuro, eu iria escolher dois membros experientes da equipe para juntos tomarmos a melhor decisão possível, mas sem abrir mão da palavra final, que era minha prerrogativa de gerente. Caso contrário, não se justificaria minha presença na empresa.

A equipe aceitou os argumentos, o assunto foi encerrado e nunca mais se tocou no tema. E nunca mais se repetiu fato semelhante.

A primeira missão

Minha primeira missão, além, obviamente, de fazer uma sucessão tranquila na equipe, foi desenvolver um novo sistema de folha de pagamento.

Jornada de Superação

Hoje pode parecer surreal isso. Mas na época a indústria de software era bem incipiente e as empresas tinham que criar suas próprias soluções em software para todas as áreas.

Havia um sistema antigo sendo utilizado, mas estava obsoleto e gerando muitos problemas.

Normalmente esses sistemas de folha de pagamento sofrem muitas alterações em função de mudanças constantes na legislação. Com o tempo, o código fonte acaba virando uma colcha de retalhos.

O analista encarregado do suporte ao sistema (meu amigo Romeu) e que seria responsável pelo desenvolvimento do novo sistema era um ótimo profissional.

Três anos antes, o havíamos contratado para o Plano Alpha.

Na ocasião, ele participou do desenvolvimento de um Sistema de Contabilidade, juntamente com um Analista Sênior (meu grande amigo Norton), com excelente desempenho. Agora, com mais experiência, era um profissional maduro.

Mas tínhamos um desafio, especificamente, a respeito da complexa rotina de cálculo da folha de pagamento.

O analista não tinha muito conhecimento dessa parte, e queríamos construir uma rotina bem estruturada e estável, mas, acima de tudo, bem parametrizada, de forma a fazer face às futuras alterações na legislação.

O certo seria contratar um analista com essa experiência, mas eu não tinha autorização para contratação de novos profissionais.

Porém consegui tirar um coelho da cartola! Um coelho, não, um analista muito experiente que havia acabado de sair do emprego e poderia desenvolver um trabalho temporário sem qualquer dificuldade.

E mais, ele acabara de desenvolver a rotina de cálculo de um sistema de folha de pagamento. Estava com a memória fresca.

Quem era esse profissional? O Vitório. Esse mesmo! Parece incrível, mas mais uma vez *O Cara* aparecia para me ajudar!

Consegui convencer a diretoria da importância de contratarmos, temporariamente, um especialista para executar essa parte específica do cálculo da folha, e assim foi.

O Romeu acompanhou todo o trabalho enquanto programava os demais processos do novo sistema, que foi implantado com sucesso.

A missão foi cumprida com perfeição e legamos à empresa um sistema estruturado, robusto e estável.

Método de Gestão

Enquanto essa primeira missão se desenrolava, fui implantando meu estilo de gestão.

Nos primeiros dias, fiz uma reunião individual com cada profissional para conhecê-los o melhor possível; seus sonhos, desejos e aspirações.

Também procurei explicar como eu planejava atuar e deixar a "porta aberta" para fácil acesso, caso eles tivessem dúvidas ou sugestões. Procurei implantar uma rotina baseada nos seguintes pilares:

1- Despachos semanais com os analistas. Neles, fazíamos avaliação das pendências (implementações de sistemas), discutindo e revisando prioridades e, também, dando meu feedback ao analista.

2- Análise da situação de cada programador vinculado ao analista. O trabalho de gestão dos programadores eu deleguei a cada analista responsável, de forma a prestigiá-los e, ao mesmo tempo, estimulá-los a ter uma experiência prática de gestão.

3- Coloquei-me à disposição em tempo integral para discussão de soluções e esclarecimentos de eventuais dúvidas técnicas e administrativas.

4- Estímulo à ampliação da formação e conhecimentos técnicos e compartilhamento de informações.

5- Os analistas manteriam contato direto com os usuários, que poderiam fazer novas solicitações e definir suas prioridades, mas as mudanças seriam revisadas comigo na reunião semanal. Caso eu tivesse alguma ideia para contribuir ou alguma sugestão diferente, sugeria ao analista revisar com seu usuário. Em casos mais complexos, eu também participava dessas reuniões, em conjunto com os analistas.

Interação com a diretoria

Nosso diretor não tinha propriamente um método de gestão. Ele fez sua carreira como professor de matemática.

Jornada de Superação

Na universidade, acabou assumindo a gestão do Departamento de Tecnologia da Informação.

Segundo informações que me passaram, ele acabou sendo convidado a assumir uma diretoria na empresa quando o empresário buscava um matemático para implantar uma metodologia analítica para prospecção de clientes em uma base de dados.

Sem uma formação em gestão e liderança, ele atuava de forma aleatória e reativa, usualmente fazendo incursões pelo setor e batendo papo com um ou outro, o que nem sempre contribuía, de forma efetiva, para o bom andamento dos trabalhos, pois acabava distraindo a atenção de todos.

Nos primeiros dois anos, ele me deu bastante autonomia com o pessoal, comentando, inclusive, o quanto ficou impressionado com a forma que eu fui aceito pela equipe, que sempre teve a fama de difícil. Sim, a maioria dos gerentes que ali passaram, acabaram sendo rejeitados por eles.

Porém, em algumas circunstâncias, eu percebia situações que me deixavam desconfortável.

Lembro, por exemplo, de uma carta de uma cliente, que veio parar na minha mesa. Continha críticas pesadas sobre a qualidade de alguns produtos que a empresa comercializava. Achei importante levar ao conhecimento dele, pois a parte de atendimento ao cliente estava sob sua responsabilidade. Para meu espanto, ele leu rapidamente a carta, rasgou, pôs no lixo e seguiu fazendo uma atividade qualquer. Saí da sala boquiaberto.

Jornada de Superação

Também era comum me receber em sua sala e seguir fazendo uma rotina qualquer no computador, dando pouca atenção ao assunto que me levara até ali. Isso foi desestimulando meus contatos e acabei adquirindo o hábito de pouco compartilhar as decisões com ele.

Com os demais diretores, sempre tive uma relação não muito próxima, porém extremamente cordial.

Acabei tendo um relacionamento maior com o Diretor Comercial. Sua área de origem foi Tecnologia de Informação, então trocávamos ideias com frequência sobre o novo canal de vendas que estava sendo implantado e cuja viabilização passava pela criação de um sistema informatizado, altamente sofisticado.

No ano seguinte, ele sairia da empresa para enfrentar um desafio como empreendedor. Eu perdia ali meu maior companheiro na alta direção,

Envolvimento com o negócio da empresa

Essa era a parte que me motivava muito. Sempre que possível, eu acompanhava o analista do sistema comercial e, devido à sobrecarga deste, muitas vezes eu mesmo acabava fazendo as reuniões com os usuários.

Na ocasião, estava sendo desenvolvido um novo canal de vendas que se demonstrava muito promissor.

Esse projeto era fascinante e dediquei bastante tempo a ele. Como consequência, acabei me tornando muito amigo do gerente (Pedro) encarregado de implantar aquele novo modelo de negócios.

Dessa forma, em pouco tempo, acabei dominando as principais características de negócio da empresa e contribuindo para a evolução do novo sistema.

Visão de longo prazo

Uma das questões que me incomodava em nossa estrutura de Tecnologia de Informação, era o fato de termos sistemas próprios para os processos administrativos, tais como Contabilidade, Financeiro, Controle Patrimonial e Folha de Pagamento.

Isso significava alto custo para a empresa e, muitas vezes, dificuldades de implementação de mudanças, principalmente de legislação.

Um fator que contribuía para a continuidade dessa situação, era a questão da padronização. Os microcomputadores tipo PC (Personal Computer) ainda eram pouco robustos para suportar aplicações pesadas e a evolução da indústria nacional era muito lenta.

Naquele tempo, havia, no Brasil, uma defasagem tecnológica muito grande em relação aos países desenvolvidos, pois não tínhamos acesso às soluções recentes do mercado.

Estávamos restritos a uma "reserva de mercado" que protegia a indústria nacional da concorrência externa. Em resumo, os computadores nacionais eram ruins e caros.

Apesar de a indústria de software ainda ser nascente, já havia algumas soluções no mercado para os aplicativos administrativos.

Jornada de Superação

E eu estava de olho na evolução dessas soluções, pois meu plano de médio para longo prazo era substituir todos esses softwares por produtos padrão do mercado, rodando em microcomputadores descentralizados.

Para mim, esse era um caminho natural a ser adotado pelas empresas, para reduzir custos e ganhar produtividade.

O que eu ainda não sabia, é que essa intenção jamais seria compartilhada pelo meu diretor. Sua visão era centralizadora. Para ele, área de Tecnologia da Informação era intocável e, quanto maior a sua estrutura, mais importante ela seria.

Logo eu teria a oportunidade de identificar essa incompatibilidade de visões.

Isso aconteceu quando surgiu a oportunidade de alugar um software de Controle Patrimonial. O sistema que existia estava uma verdadeira colcha de retalhos, e ventilava-se a necessidade de desenvolver um novo.

Eu havia participado do desenvolvimento de um (época da Grande Empresa) e não tinha a menor intenção de gastar dinheiro e tempo da equipe reinventando a roda.

Informei a ele de minha intenção e a resistência foi ferrenha. Situação estranha para não dizer surreal. Insisti por uns 15 dias, até que consegui convencê-lo. Mas foi só passarmos por alguns problemas de desempenho (rodava num PC-XT), após a implantação, para que eu sofresse uma tremenda "espinafrada".

Foi a vingança dele! Aguentei firme, eu sabia que havia vencido aquela batalha. Acabei fazendo um upgrade do computador para uma máquina um pouco mais robusta (PC-AT) e o problema foi resolvido.

O resultado foi que o usuário assumiu o sistema e nunca mais se ouviu falar em problemas com o sistema de Controle Patrimonial. E olha que o sistema, alugado, era bem ruinzinho!

Meu plano para o futuro era fazer, gradualmente, essa substituição em todos os softwares administrativos, concentrando a força da equipe de sistemas no desenvolvimento de soluções de negócio que a cada dia demandavam mais tempo da equipe, que estava com um backlog (lista de pendencias) imenso.

Minha vida pessoal

Com um bom emprego e em pleno desenvolvimento da sonhada função gerencial e sem um compromisso afetivo assumido e com tempo disponível para me dedicar a um projeto pessoal, resolvi construir uma nova casa (a primeira havia ficado pelo caminho no divórcio).

Hoje percebo que foi uma excelente estratégia, pois isso manteve minha mente ocupada e, ainda por cima, tinha que direcionar os recursos financeiros que sobravam para a obra. De outra maneira, eu correria o risco de me perder em uma vida de desperdícios e sem planos.

Essa atitude me permitiu aproveitar um momento especial de minha vida e iniciar a formação de um patrimônio, que se fazia necessário, de acordo com minha visão de mundo. Os percalços dos anos anteriores haviam atrasado esse projeto. Agora era a hora de iniciá-lo.

Jornada de Superação

Essa casa seria, em futuro próximo, meu abrigo, meu porto seguro, onde, num futuro não muito distante, haveria de enfrentar mais uma tempestade, mas mais adiante, com a companheira certa, se transformaria num lar. Um lugar onde eu iria viver uma das etapas mais felizes da minha vida.

Impressão a laser em grande volume

Foi em 1992 que implantamos uma impressora Xerox a laser de grande volume e nos tornamos a primeira empresa em Santa Catarina a imprimir nota fiscal a laser, precursora da futura nota fiscal eletrônica, que chegaria somente 10 anos depois.

A impressora era imensa, tinha uma capacidade de imprimir 120 páginas por minuto e, para instalá-la, tivemos que fazer uma reforma no prédio.

Chegamos a imprimir 1.600.000 páginas em um determinado mês, sendo que a capacidade nominal mensal sugerida pela Xerox era de, no máximo, 800.000 páginas. O volume era brutal.

Imprimíamos, além das notas fiscais em quatro vias, cartas-convite para clientes inativos, cupons promocionais personalizados, cupons de pedido personalizados e uma infinidade de aplicações, todas desenvolvidas internamente pela equipe, com o suporte dos analistas de aplicações da Xerox.

Para que se tenha noção do que foi isso, em menos de um ano da instalação da primeira máquina, instalamos uma segunda ao lado (já havia sido prevista na reforma).

Jornada de Superação

Coisa de gente grande! E uma experiência fantástica.

Gestão de profissionais difíceis

A parte mais difícil entre todas as atribuições de um gestor, certamente, é a gestão de pessoas.

Hoje, essa afirmação soa como uma obviedade, mas não era assim naquela época. Pelo menos não para mim. E não era, até eu assumir essa gerência.

Apesar da certa tranquilidade com que fui absorvido pela equipe, tive muitas dificuldades com alguns profissionais.

Não enfrentei confrontos, insubordinação ou algo do tipo. Mas, em alguns casos, houve certa resistência, traduzida em passividade.

Em qualquer equipe encontramos vários tipos de profissionais, quais sejam: 1 - Os auto motivados, com alto desempenho, 2 - Os estáveis, com desempenho médio e 3 - Os acomodados, com baixo desempenho.

Após a experiência de mais de duas décadas em gestão, percebi que, para cada um desses tipos, há de se adotar um método distinto de liderança. Eu não pensava assim naquela época.

Minha visão era de que todos deveriam ser tratados da mesma maneira. Cometi vários erros em função disso e perdi muito tempo.

Com isso, os acomodados acabavam sendo beneficiados por uma gestão proativa, baseada na inspiração de ideais e na esperança de que, aos poucos, a consciência aflorasse.

Jornada de Superação

De maneira geral, o resultado foi positivo. Mas um deles acomodou-se ainda mais.

Com o tempo, fui percebendo que minha estratégia não iria produzir os resultados necessários.

Para aumentar o problema, era um analista que detinha grande capital intelectual e não havia substituto. Como, naquela época, a documentação dos sistemas era precária, as empresas acabavam ficando "nas mãos" do analista ou do programador.

E esse era o caso. Então decidi agir.

Eu iria buscar tirá-lo da zona de conforto.

Mas minhas ações deveriam ser calculadas, para não provocar um confronto que viesse a resultar numa saída imediata do profissional, seja por iniciativa unilateral dele, ou por uma situação em que ele não me permitisse escolha.

Uma demissão no curto prazo significaria grande perda e prejuízo para a empresa.

Então, abri uma vaga e contratei um analista experiente e conhecido, dividindo as tarefas da área de negócio entre os dois.

A ideia era conduzir um processo de transferência de conhecimentos até que eu pudesse me sentir à vontade para agir com mais autoridade e, em caso extremo, até com a demissão.

Parece incrível, mas, mesmo com esse fato, não ocorreu nenhuma mudança de atitude por parte dele. O rapaz era de uma indolência total. Um tremendo teste para minha estreia em função gerencial.

Meu plano estava em perfeito andamento e isso, de certa forma, me deixava mais tranquilo.

Mas alguns eventos iriam suceder antes que o plano amadurecesse e eu pudesse ativar a segunda fase.

A avaliação 360 graus

No final de 1992, todos os gerentes e supervisores da empresa (no caso da informática, os analistas eram considerados supervisores) foram notificados que no final de semana seguinte iria ocorrer um seminário de desenvolvimento gerencial.

Fomos reunidos em um hotel para um curso denominado *Grid Gerencial*, uma ferramenta de autoconhecimento, com avaliação 360 graus.

O conceito básico era, através da exposição de conteúdos e realização de workshops, buscar posicionar cada membro numa espécie de gráfico que avaliava dois grandes grupos de critérios. Em um quadrante, se alinhavam os critérios humanos, e em outro os critérios empresariais. Assim, num ranking de 1 a 9 (sendo 1 o mais fraco e 9 o mais forte) para cada quadrante, a pessoa seria classificada em um estilo (X, Y).

Exemplificando, o profissional enquadrado como (1,9) seria fraco do lado humano e forte do lado empresarial, uma espécie de carrasco, que via apenas o lado da empresa. E o

Jornada de Superação

contrário, (9,1) seria o profissional que se preocupava apenas com as pessoas, esquecendo o lado da empresa.

Naturalmente que o mundo ideal seria a obtenção de uma graduação (9,9).

Esse é um resumo bem simplificado da ferramenta.

Os workshops eram utilizados para ampliar o conhecimento de cada participante sobre os demais. Havia um conhecimento mútuo gerado pela convivência no dia a dia da empresa, mas para que cada um fizesse uma avaliação mais profunda dos outros participantes, essa metodologia determinava que fossem realizadas um conjunto de interações, por meio desses grupos de trabalho.

No final, seria apresentado para toda a equipe o enquadramento de cada um dos participantes. Apenas os diretores não participavam, mas tiveram acesso ao conteúdo e assistiram à avaliação de cada participante. Eles seriam avaliados em sessão separada, por cada área de sua responsabilidade, e a apresentação da avaliação seria feita em particular para cada um deles na semana seguinte.

É muito provável que a intenção do empresário ao contratar esse seminário tenha sido a melhor possível.

Porém, a iniciativa se revelou um tremendo fracasso. Dinheiro e tempo jogados fora. E mais, no meu caso, foi uma tremenda pegadinha, conforme relatarei a seguir.

O resultado foi que, após as avaliações que as equipes fizeram dos diretores, nunca mais se falou no tal *Grid Gerencial.*

Jornada de Superação

Como a avaliação do meu diretor pela minha equipe não foi das melhores, ele deve ter imaginado que eu havia influenciado no resultado.

Não foi observada nenhuma melhora de atitude ou desempenho de nenhum dos envolvidos, e meu diretor passou a boicotar o meu trabalho e acabou me demitindo menos de um ano depois.

A justificativa para a demissão que foi surreal: A empresa havia ficado pequena demais para nós dois.

Então, aos trinta e três anos, eu estava, novamente, sem emprego. Era minha terceira demissão seguida.

Todavia, assim como nas demissões anteriores, eu sentia que tinha progredido, avançado em minha carreira. Havia adquirido uma grande experiência daqueles últimos três anos e meio e tinha a profunda convicção de que colheria os frutos disso tudo num futuro próximo.

Teste de empreendedorismo

"Se você não se sentir à vontade sob-risco, ser empreendedor pode tornar-se uma tortura."

Felipe José Dias

Criando oportunidades

As opções de emprego afunilavam-se na medida em que eu avançava na carreira. Àquela altura, estava convencido de que não deveria me candidatar a vagas técnicas. Deveria buscar manter a posição que já havia alcançado em nível gerencial, seja em Tecnologia da Informação ou na área de negócios.

Mas vagas para gerentes não eram tão frequentes assim naquela época (como não são hoje). Enviei currículos de forma espontânea para várias empresas, sem lograr êxito. Simplesmente não havia oportunidade.

Como eu não pretendia descapitalizar, aguardando aparecer uma oportunidade para o trabalho idealizado, tive uma ideia. Naquela época, muitas pequenas empresas queriam automatizar seus processos de negócio, mas não

Jornada de Superação

existiam softwares de prateleira, havia um mercado interessante para desenvolvimento de pequenos projetos.

Com a indicação de amigos, não demorei muito para arranjar alguns clientes. Assim, eu elaborava os projetos e contratava programadores freelancers para efetuarem a programação.

Logo acabei conhecendo um desses programadores (Denilson), que viria a ser meu sócio. Juntos, iríamos fundar uma pequena empresa de desenvolvimento de software para ambiente Windows.

Dessa forma, nasceu a *Visual Systems*. Os planos eram, aos poucos, com os recursos oriundos do desenvolvimento de pequenos projetos, criar alguns softwares de prateleira.

Erro estratégico – Produto bom, plataforma ruim

No ano de 1994, aqueciam-se as vendas de computadores para uso doméstico. A Microsoft lançara o sistema operacional Windows, de baixo custo, para uso doméstico. Mas havia poucas opções de aplicativos. A internet ainda estava muito embrionária. Restava, então, às famílias o uso do computador para planilhas, redação de correspondência e alguns joguinhos bem rudimentares.

Percebendo essa oportunidade, desenvolvemos um software para uso doméstico. O *Magic Home*. Ele era composto de vários módulos para automação de aplicações caseiras, como: agenda, biblioteca, ficha médica, orçamento doméstico e outros.

140

Jornada de Superação

Nossa intenção era comercializar o produto, já instalado, nos computadores novos. Assim, fizemos inúmeros contatos com fabricantes e lojas. Ele era bem avaliado, mas não conseguíamos fechar parcerias.

Tentamos vender separadamente em livrarias, também não funcionou.

O resultado foi que o produto era um sucesso de crítica, mas, apesar de termos definido um preço extremamente acessível, foi um fracasso de vendas.

As pessoas queriam o *Magic Home* grátis! O curioso é que em pesquisas previamente realizadas, as pessoas afirmavam que estavam dispostas a pagar por um aplicativo desse tipo.

Mais tarde percebemos o erro estratégico.

Acontece que, na mesma época, uma startup (empresa iniciante, como a nossa) lançou uma agenda eletrônica na internet. E, apesar de a internet ainda ser discada e levar um século para fazer a conexão, além da lentidão da navegação, ela era a onda do momento, pois apontava em direção ao futuro. E, ainda por cima, o acesso à agenda era grátis.

Onde essa empresa ganhou dinheiro? Ao obter um cadastro gigante de usuários on-line; a empresa se valorizou e foi vendida um ano depois, segundo informações que obtivemos, por cerca de um milhão de reais. Isso em valores de 1995.

Ou seja, criamos um excelente produto, mas lançamos em uma plataforma errada. Tremendo erro estratégico.

Jornada de Superação

Valeu pelo aprendizado.

Segundo produto

Enquanto desenvolvíamos o *Magic Home*, já iniciávamos o desenvolvimento de outro software. A ideia de criar esse software surgiu a partir de uma situação que enfrentei enquanto Gerente da *Empresa Beta*.

Numa ocasião, foi adquirida uma grande central telefônica. Acompanhava o pacote, um módulo de controle de tarifação telefônica. Era um computador acoplado à central e um software que calculava o custo de cada ligação efetuada, gerando vários relatórios.

Naquela época, os custos de telefonia eram altíssimos e as grandes e médias empresas estavam, constantemente, buscando reduzir os custos nessa conta. Os softwares de tarifação eram solução importante para isso. Também havia a indústria de hoteleira que utilizava essa aplicação para repassar os custos aos clientes.

Na *Empresa Beta*, a implantação e a parametrização desse software estavam sob a responsabilidade da área de Tecnologia da Informação. Durante esse trabalho, constatei que o software era muito ruim.

Como a empresa fornecedora da Central Telefônica era uma grande multinacional, fiquei surpreso com a péssima qualidade desse produto. Na verdade, o aplicativo era de uma empresa brasileira que tinha parceria com a grande fabricante de centrais.

Logo imaginei que havia ali uma oportunidade para um produto concorrente. Lembro que na época tentei identificar outros fornecedores e descobri que havia um em Blumenau mesmo, mas a solução também era apenas razoável, baseada em ambiente DOS (não Windows).

Mas como, na ocasião, nem me passava pela mente a opção de desenvolver software, a questão caiu no esquecimento.

Agora, ela fazia total sentido. Assim, iniciamos o projeto da construção desse software. Em pouco tempo, já estávamos testando a solução em "usuários piloto". Em poucos meses, estávamos vendendo as primeiras cópias.

E esse produto, apesar de gerar pouca receita devido a esse segmento ter baixo valor de mercado, tornou-se o carro chefe da empresa por alguns anos.

A dificuldade do crescimento sustentado

A criação da empresa não seguiu o manual do empreendedorismo. Não tínhamos recursos para investir. A bem da verdade, nem elaboramos um plano de negócios. Além disso, necessitávamos de renda.

Portanto, o faturamento gerado pela prestação de serviços deveria, além de cobrir os custos fixos e administrativos, permitir uma retirada mensal dos sócios e bancar o desenvolvimento dos produtos.

O primeiro endereço da empresa foi a minha casa, para evitar custos de aluguel.

Fazíamos toda a parte administrativa, comercial e a parte técnica, de especificações dos sistemas. Para dar conta disso tudo, trabalhávamos em torno de 12 horas por dia.

A realidade de tocar um negócio era bem diferente da idealizada. Eu não estava muito a vontade como empreendedor. Como podia ser? Esse não era o sonho da maioria das pessoas? O que havia de errado comigo?

Respostas para essas questões eu só encontraria anos mais tarde, quando iniciei minha jornada do autoconhecimento.

Uma das coisas mais importantes que aprendi nessa jornada foi que nem todas as pessoas têm perfil para serem empreendedoras.

Mas, também aprendi que isso não é impedimento para que possam desenvolver carreiras de sucesso.

Enquanto, isso, a realidade impunha uma rotina exaustiva de trabalho e preocupações cotidianas. E dávamos conta da maneira que podíamos.

Nem só de trabalho vive o homem

Em setembro de 1995, após dois anos de um relacionamento promissor e já residindo em minha nova casa, casei-me pela segunda vez.

Não poderia ter acertado mais.

No momento que escrevo essas linhas, eu e a Dione nos preparamos para celebrar 25 anos de casados.

Jornada de Superação

Em setembro de 1997 nasceu minha filha Caroline. Entre todas as bênçãos que tenho recebido ao longo da minha vida, essa foi, sem dúvida, a maior de todas.

A constituição de minha família, trago essa certeza comigo, foi o grande pilar que sustentou todas as conquistas que viriam depois.

Um encontro importante

Minha vida de empreendedor seria curta. Corria o ano de 1996 e já estávamos a mais de um ano e meio com a empresa em funcionamento.

Em dezembro, num encontro fortuito, no elevador do edifício onde minha mulher trabalhava (Ela é cirurgiã-dentista), encontrei um ex-colega da *Empresa Beta*, que havia sido Diretor e saíra para se dedicar a um empreendimento pessoal.

Conversamos rapidamente. Ele sabia que eu havia saído da *Empresa Beta* e queria saber o que eu estava fazendo.

Ao saber de meu trabalho, convidou-me para conhecer sua empresa.

Ele estava necessitando de ajuda, pois, há dois anos havia criado uma empresa (juntamente com um sócio), o empreendimento estava crescendo muito e ele não dava conta de tudo.

Queria que eu assumisse a parte de sistemas. Combinamos que, em janeiro, eu ligaria para agendar uma visita na empresa.

Jornada de Superação

Conforme combinado, fiz a visita.

A empresa, uma indústria têxtil que atuava com vendas diretas, estava com dois anos e havia crescido rapidamente.

O modelo de negócios assemelhava-se ao da *Empresa Beta*. Ele e o sócio não estavam dando conta de todo o trabalho e queria que eu dedicasse dois dias por semana para coordenar o setor de Informática, que tinha várias demandas.

Conversei com meu sócio e arranjamos um jeito. Era um faturamento que precisávamos, para dar conta de nossos projetos.

Assim, a partir de meados de janeiro de 1997, iniciei os trabalhos nessa empresa, como prestador de serviços.

A atividade era basicamente de coordenação e análise de sistemas, já que a parte de programação era terceirizada com uma empresa de Tecnologia da Informação de Blumenau, cujos trabalhos eu, também, passara a coordenar.

Meu trabalho era tranquilo; eu dominava o modelo de negócios (era semelhante ao da *Empresa Beta*) e podia contribuir, inclusive, com ideias para melhoria da área comercial.

A parceria estava indo bem, e até meu sócio estava contribuindo com uma carga horária, automatizando um processo chave de negócio da empresa.

Mas, em março, ocorreriam grandes novidades. O empresário me chamou para uma conversa.

Jornada de Superação

Para resumir a questão, ele havia sido convidado para assumir uma Diretoria em uma importante empresa da cidade. O tipo de proposta matadora, com um plano de benefícios simplesmente irrecusável.

Ele estava decidido a aceitar. E o que eu tinha a ver com isso?

Para ele, só seria possível aceitar a proposta se eu assumisse uma direção na empresa.

Do ponto de vista prático, ele me ofereceu uma participação na empresa, para assumir o seu lugar. As demais cotas ele negociaria com seu sócio. Não queria sair e deixa-lo em situação vulnerável.

Isso, obviamente, implicaria que eu me desligasse por completo da minha empresa.

A pressa era grande, ele concedeu-me 24 horas para pensar na proposta.

Jornada de Superação

Chegando lá

"Quando você chega, só aí que você percebe que o importante mesmo foi a viagem."

Felipe José Dias

Cravando a bandeira

Então, em março de 1997, negociei com meu sócio a venda de minha parte das cotas. Fizemos, literalmente, um negócio entre compadres, que já éramos de fato, pois eu havia batizado sua segunda filha.

Naquele momento, se abria uma nova janela de oportunidade na minha vida. E se estabelecia um marco extraordinário em minha jornada.

Vinte e quatro anos e alguns meses antes, numa escaldante manhã de verão, um menino disposto a antecipar o final de sua infância e a atropelar sua adolescência em busca de um melhor destino, havia saído de casa para candidatar-se a uma vaga de vendedor de sorvetes.

Agora, em uma calma manhã de outono, ele saía novamente de casa. Na aparência não era mais aquele menino, estava com 36 anos, era um homem.

Jornada de Superação

Mas, de alguma maneira, sentia a mesma sensação. A sensação que sentira por diversas vezes ao longo da jornada. A tensão e, ao mesmo tempo, o prazer de enfrentar o desconhecido e de estar no comando de seu destino.

Ele iria enfrentar essa nova etapa como *executivo* de uma jovem empresa.

Haveria, sim, tremendos desafios a serem enfrentados, mas isso ele ainda não sabia. Dentre eles, o desafio do "encontro consigo mesmo".

Porém, dessa vez seria diferente. Que seriam esses desafios diante do que já havia sido realizado? Nesses 24 anos, ele havia enfrentado toda sorte de desafios, alguns deles quase insuperáveis. Superara a todos. De fato, adquirira o hábito de superá-los e realizar sonhos.

Ao longo da carreira, havia "aprendido a aprender" constantemente; desenvolveu a arte da paciência e da tolerância sem saber da existência da palavra resiliência; exerceu-a com frequência. Enfrentou, não poucas vezes, as armadilhas da falsidade, da hipocrisia e da traição, mas saíra vencedor.

Transformara a si próprio em um realizador de sonhos!

O mundo, agora, já havia se transformado. Ou melhor, ele havia, com a ajuda de pessoas extraordinárias que cruzaram seu caminho, *transformado o seu mundo.*

No trajeto até a empresa, toda sua vida passou em sua mente, como em um caleidoscópio.

Jornada de Superação

Como agradecer à pureza de espírito de um Flori, que abrira as portas para tudo, apesar de saber que iria perder seu principal funcionário?

Como retribuir confiança de um Vitório que depositou sua reputação, recomendando um menino de 16 anos, que estava cheio de graxa de sapato nas mãos, a seu chefe?

Como espelhar a intuição e atitude de coragem de um Laorgue, ao assumir o risco de favorecer a saída de um jovem e promissor profissional de seu cliente?

Ou o companheirismo do "parceiro de sempre", Rogério, sempre presente nas horas boas e nas difíceis?

Intuiu, então, que essa deveria ser sua missão nessa nova fase. De alguma forma, deveria ser um pouco de cada um deles... e dos demais grandes exemplos que encontrara durante a jornada e que, em mais 100 páginas nesse livro, não conseguiria relatar.

E, com esse propósito, seguiu adiante, sem imaginar que ainda iria executar feitos e realizar sonhos que jamais sonhara.

Estacionou o carro no pátio, pegou sua pasta de executivo e seguiu confiante, em direção à recepção...

Jornada de Superação

Sobre o autor

Felipe José Dias

Analista de Sistemas
Bacharel em Ciências Econômicas
FURB
Mestre em Administração FURB/INPG
MBA - Gestão Moderna de Negócios
FURB/INPG
Coach Executivo Instituto Holos

Self-made-man, iniciou sua **Jornada de Superação** aos treze anos de idade e não parou mais. Estudou à noite por 13 anos, ao mesmo tempo em que desenvolvia sua carreira.

Iniciou como **Vendedor de Sorvetes**, em 1973, culminando com a função de **Diretor Executivo** no setor Têxtil, em 1997, a qual exerceu por 17 anos, até afastar-se, em 2014, para se dedicar a um novo propósito de vida.

Hoje sua missão é inspirar novos profissionais a buscarem sua própria **Jornada de Superação**.

Desenvolve o *site* ***www.mundogerencial.com*** onde mantém conteúdo de desenvolvimento de carreira.

Ministra Palestras Corporativas com temas de seu programa de mentoria: **Maestria Pessoal** (liderança, desenvolvimento de carreira, competência, gestão de equipes).

Jornada de Superação

Outros Livros do Autor: